PARMENIDES

Vom Wesen des Seienden

Die Fragmente

Griechisch – Deutsch

Auf der Grundlage
der Edition von Uvo Hölscher (†)
mit einer Einleitung neu herausgegeben
von Alfons Reckermann

FELIX MEINER VERLAG
HAMBURG

PHILOSOPHISCHE BIBLIOTHEK BAND 645

Bibliographische Information der Deutschen Nationalbibliothek
Die Deutsche Nationalbibliothek verzeichnet diese Publikation in der Deutschen Nationalbibliographie; detaillierte bibliographische Daten sind im Internet abrufbar über ‹http://portal.dnb.de›.

ISBN 978-3-7873-2479-8

ISBN eBook: 978-3-7873-2480-4

Wir danken dem Suhrkamp Verlag, Berlin, für die freundliche Genehmigung zum Abdruck der Texte aus: Parmenides, Vom Wesen des Seienden. Die Fragmente, griechisch und deutsch, herausgegeben, übersetzt und erläutert von Uvo Hölscher, Frankfurt a. M. 1986.

www.meiner.de

 Satz: Jens-Sören Mann. Druck und Bindung: Hubert & Co., Göttingen. Werkdruckpapier: alterungsbeständig nach ANSI-Norm resp. DIN-ISO 9706, hergestellt aus 100 % chlorfrei gebleichtem Zellstoff. Printed in Germany.

INHALT

Einleitung *von Alfons Reckermann* VII
Bibliographie zur Einleitung XLVIII

Vorwort I

Parmenides: Vom Wesen des Seienden 3

Anmerkungen zur Übersetzung 39

Nachwort
Parmenides 53
Vom Wesen des Seienden 60

Nachwort 1986 116

Bibliographie 121

EINLEITUNG

von Alfons Reckermann

Den Leser der einleitenden Bemerkungen zu dem hier vorgelegten Neudruck der Fragmente des Parmenides in der Ausgabe von Uvo Hölscher erwartet keine eigene Interpretation des Denkens, das sich in diesen Texten bekundet. Da ich das, was in der Ausgabe selbst reichhaltig geleistet ist, weder doppeln noch im Einzelnen kritisch diskutieren möchte, beschränke ich mich auf die Beantwortung folgender Fragen: Was ist das Besondere des parmenideischen Denkens, das auch heute noch einen reflektierten Nachvollzug sinnvoll macht? Welcher Art sind die Schwierigkeiten, die dem Verständnis seines Denkens entgegenstehen? Was ist die Besonderheit des Zugangs, den Uvo Hölscher zu Parmenides gefunden hat? Und warum kann es für eine Antwort auf die zuerst angeführte Frage sinnvoll sein, sich von dem an die Hand nehmen zu lassen, was Hölschers Übersetzung der Texte des Parmenides und deren Kommentierung dem Leser anbietet?

Parmenides kann allein schon dadurch ein gegenwärtiges Bewusstsein beeindrucken, dass man bei ihm erstmalig eine Unterscheidung begründet findet, ohne die auch wir in der normalen Bewältigung unserer Wirklichkeit nicht auskommen können, nämlich diejenige zwischen dem, was in Wahrheit *ist*, und dem, was in Wahrheit *nicht* ist, aber dennoch den Anschein erweckt, ein Wahres zu sein. Ebenso findet sich bei ihm ein Verständnis des Seienden, das sich nicht darauf beschränkt, ein bloßes Vorhandensein von etwas zu registrieren, sondern darin eine Kraft ausgedrückt findet, wie sie beispielsweise von einem überragenden Werk der Kunst, einer besonderen sportlichen Leistung oder der sinnlichen Präsenz einer Person ausgehen kann. Wir leben wahrscheinlich alle von solchen Eindrücken und zugleich von dem irritierenden Wissen, dass auch sie täuschen und in einer zunehmend durchmedialisierten Welt sogar häufig bewusst vorgetäuscht sein können, so dass es nach wie vor wichtig ist, Kriterien dafür an der Hand zu haben, mit denen wir überzeugend wirkliches Sein von Nicht-Seiendem unterscheiden. Und vielleicht ist es auch für uns noch so, dass wir das, was für uns ein ‚in Wahrheit Seiendes' ist, als etwas Dauerhaftes, in sich Verbundenes verstehen, das nicht das eine Mal ist und dann wieder nicht oder mal diese und dann wieder jene Gestalt annimmt, sondern ein Wirkungskontinuum des Vollkommenen darstellt, das, um es in der Sprache des Parmenides zu formulieren, von seiner ‚Mitte aus nach allen Seiten gleich sich schwingt' (Fr. 9, 42 ff.).

Trotz der Nähe zu einem Grundzug unseres oder wenigstens für uns noch nachvollziehbaren Bewusstseins ist Parmenides eine Rätselgestalt der Philosophie geblieben. Einerseits scheint er vor allem durch den logisch-argumentativen Zuschnitt seines Denkens einer Rationalität nahe zu stehen, in der wir unsere eigene schon vorgeformt finden, so dass er sogar wichtige Fragen antizipieren kann, die in den philosophischen Debatten der Gegenwart diskutiert werden.[1] Andererseits stellen die Sprache und die Vorstellungswelt des Parmenides, die sich von dem, was bei uns üblich geworden ist, doch ganz erheblich unterscheiden, einem Verstehen, das sich nicht mit den üblichen philosophiehistorischen Etikettierungen begnügen will, schwer zu überwindende Hindernisse entgegen. Das Rätselhafte beginnt also bereits mit der Form, in der uns sein Denken entgegen tritt. Sie ist nämlich, was man ihrem hexametrischen Versmaß abnehmen kann, diejenige der mythischen Dichtung, genauer die der theogonisch und kosmogonisch ambitionierten Lehrdichtung, wie sie uns exemplarisch in der *Theogonie* Hesiods vor Au-

[1] Vgl. dazu nur die Andeutungen bei Mourelatos (1970) XIIf. (s. Bibl. Hölscher).

gen steht[2]. Durch Werke vergleichbarer Art, die man in der Überlieferung nur legendären Personen wie Epimenides, Musaios oder Orpheus zuschreiben konnte[3], war im frühen Griechenland wie in den benachbarten orientalischen Hochkulturen eine Form des genealogischen Denkens wirkungsmächtig geworden[4], die die Vertreter der jonischen ‚Naturphilosophie' dazu eingeladen hat, sie durch die Bestimmung eines Anfangszustandes der Natur neu zu besetzen und dabei zu zeigen, durch welche Prozesse daraus der vielfältig differenzierte Kosmos des Lebendigen entstehen konnte. Auch Parmenides knüpft in eigenständiger und wohl auch eigensinniger Weise an diese Tradition an. Das gilt mit besonderer Auffälligkeit für den zweiten Teil seines Lehrgedichts, das ausschließlich dem Thema der Kosmogonie gewidmet ist[5], sich aber als erklärtermaßen ‚trügerische Rede' von seiner traditionellen Darstellungsweise distanziert. Dasselbe trifft aber auch schon für seinen ersten Teil zu, der bereits im Prooemium die inhaltliche Unterscheidung zwischen Wahrheit und trügendem Schein, die nicht nur die zweiteilige Form des Gedichts, sondern auch seine zentrale Lehraussage bestimmt, von Hesiod her aufnimmt. Dort hatten sich die Musen als göttliche Mächte vorgestellt und von sich behauptet, sie könnten „vielen Trug (ψεύδεα πολλά), dem Wirklichen Ähnliches", aber auch „Wahres (ἀληθέα) verkünden", so

2 Auch die Nachweise von direkten Bezügen auf Homer bei Mourelatos (1970) 6ff. und Coxon (1986) 9ff. ändern nichts an der deutlich intensiveren Anknüpfung des Parmenides an Hesiods theogonische Dichtung.

3 Vgl. dazu Burkert (1969), zitiert nach Burkert (2008) 14ff.

4 Vgl. dazu KRS 8–81: Die Vorläufer der philosophischen Kosmologie.

5 Den kosmogonischen Charakter des zweiten Teils hat vor allem Reinhardt (s. Bibl. Hölscher) herausgearbeitet. Man müsste, um zugleich die Distanz zu Hesiod zu betonen, von einer theogoniefreien Kosmogonie sprechen, weil es Parmenides ausschließlich um eine Reflexion auf die interne Logik physischer Elementarprozesse geht, zu denen auch die Entstehung der Götter gehört zu haben scheint.

dass es allein von ihrem Willen abhängt, für welche von diesen Möglichkeiten sie sich entscheiden. Die Mitteilung des Wahren wird deshalb zu einer besonderen, wenn auch nicht willkürlich erteilten Gunst. Die Töchter des Zeus überreichen dem Hesiod, weil er nicht zu dem gewöhnlichen Hirten gehört, die als „Draußenlieger und Schandkerle“ nur „Bäuche“ sind, „den herrlichen Zweig eines üppig grünenden Lorbeers“ als seinen „Stab“ und hauchen ihm „göttlichen Sang ein“ (26–32). Dadurch hat er die Vollmacht, das, was sie, ohne sich an eine zuhörende Öffentlichkeit zu wenden, „in harmonischem Gesang“ als die Wahrheit dessen verkündet haben, „was ist, sein wird und zuvor war“[6], an die Hörer seines Gesangs weiter zu geben. So kann er im Kreis der Menschen „das Geschlecht der ewigen Götter“ durch eine Darstellung dessen preisen (32f.), wie sie als Grundkräfte der Natur oder als deren Nachkommen ins Dasein getreten und in ihm für alle Zeit die „Geber des Guten“ (46) geworden sind. In das leidvolle und verletzungsanfällige Leben der Menschen wirkt das Gute, das in der göttlichen Weltordnung seine Verkörperung gefunden hat, über zwei Instanzen heilend und lindernd hinein, über die „klugen Könige“, die von den Musen das Wissen und Können erhalten, mit „freundlichem Wort“ „sogar gewaltigen Streit“ „in gerechter Entscheidung“ ebenso „rasch“ wie „klug“ zu beenden (80ff.), und über die göttlich inspirierten Sänger, die mit ihrem Gesang jedes „Herz“, das durch „frisches Leid“ zu „verdorren“

[6] Hesiod, *Theogonie* 38 (τά τ' ἐόντα τά τ' ἐσσόμενα πρό τ' ἐόντα) nimmt eine Formel auf, die bereits bei Homer das göttliche Wissen dadurch charakterisiert, dass es die Einheit des Vergangenen, Gegenwärtigen und Zukünftigen in sich zusammenfasst. Vgl. dafür die Beschreibung des Wissens, das Apollon dem Seher Kalchas verliehen hat: *Ilias* I 70. Die Göttin des Parmenides, von der gleich zu sprechen sein wird, charakterisiert das in Wahrheit Seiende dadurch, dass es „zugleich ganz *ist*“, also „nicht einmal war“ und auch „nicht (einmal) sein wird“ (Fr. 8, 5), so dass das Wahre auch hier als Einheit von Vergangenem, Gegenwärtigen und Zukünftigen besteht.

droht, von seinem „Kummer" befreien (95 ff.). Das Wissen der Wahrheit ist also nicht nur theoretischer Natur, sondern eine einzigartige Wirkungskraft, die Sterblichen die Möglichkeit eröffnet, sich mit ihrem Dasein auch dann zu versöhnen, wenn sie der deprimierende Eindruck überkommt, sie seien von der Quelle des Lebens abgeschnitten. Die Bekämpfung von Ungerechtigkeit ist Angelegenheit der Politik, aber Trost für das individuell, vor allem in Krankheit und Tod erfahrene oder vom illusionslosen Blick auf die Abgründe des menschlichen Daseins ausgelöste Leid, spendet allein der Sänger-Dichter, indem er die umfassende Ordnung der Natur nicht nur ausspricht, sondern sie so zum Klingen bringt, dass auch eine Seele, die dazu tendiert, sich in ihre Verzweiflung einzuschließen, wieder mit der göttlichen Quelle des in Wahrheit Guten und der aus ihr hervorgegangenen Gerechtigkeitsordnung in Verbindung treten kann[7].

Im Lehrgedicht des Parmenides übernimmt eine anonyme Göttin die Rolle, die den Musen im Rahmen der epischen Dichtung zukommt, wenn sie einem auserwählten „Jüngling (κοῦρος)"[8], den die Töchter des Sonnengottes[9] auf

[7] Zu Hesiod ausführlicher Reckermann (2011) I, 5–30.

[8] Nach Burkert (1969) 13 mit Anm. 32 bezeichnet dieser Begriff den ‚ins Heiligtum Aufgenommenen', der so auch aus der antiken Skulptur bekannt ist.

[9] Nach Burkert (1969) 6 macht die Bezeichnung der ‚Heliaden' als κοῦραι (Fr. 1, 5 und 9) zusammen mit der Anrede des Jünglings durch die Göttin als κοῦρος und als „Gefährten (συνάορος = der Zusammengespannte) unsterblicher Lenkerinnen" (Fr. 1, 24) den Angeredeten zum neuen und besseren Phaeton. Er, der natürliche Bruder der Heliaden, war ein Unwissender, als er seinem Vater die Erfüllung des Versprechens abtrotzte, ihm für einen Tag die Fahrt auf dem Sonnenwagen zu überlassen. Weil er dessen Bahn nicht einhalten konnte, war Zeus gezwungen, ihn mit seinem Blitzstrahl zu töten. Demgegenüber wird der ‚Jüngling' des parmenideischen Lehrgedichts bereits in Fr. 1, 2 als „Wissender" bezeichnet, was nach Diels, Bowra und Burkert als Terminus für den Eingeweihten im Sinne des Mysterienkults zu verstehen ist. Der von ihm befahrene Weg wird in der Kommen-

Wegen „fernab vom Verkehr der Menschen“ zu ihr gebracht haben, mitteilt, er dürfe mit Zustimmung der uralten Rechtlichkeitsgottheiten Themis und Dike „alles erfahren, sowohl der überzeugenden Wahrheit unerschütterliches Herz, wie auch das Dünken der Sterblichen, worin keine wahre Verlässlichkeit ist“ (Fr. 1, 26ff.)[10]. Ihre Rede darüber ist allerdings so gehalten, dass der Angesprochene das Gesagte nicht nur aufnehmen (Fr. 2, 1), sondern auch „mit dem Denken beurteilen“ kann und das sogar ausdrücklich soll (Fr. 7, 5: κρῖναι δὲ λόγῳ). Das in Wahrheit Seiende ist zwar von einer göttlichen Macht her, der ‚mächtigen Notwendigkeit‘ (Fr. 8, 30: κρατερὴ ... ἀνάγκη), die zuvor schon als Gerechtigkeitsinstanz angesprochen worden ist (Fr. 8, 14: δίκη), ‚in den Fesseln der Grenze gehalten‘ (Fr. 8, 31)[11]. Und es ist die Gerechtigkeitsmacht der Themis, die garantiert, dass das in Wahrheit Seiende „nicht unvollendet ist“ und „keinen Mangel leidet“ (Fr. 8, 32), während die Schicksalsmacht der Moira das Seiende daran „gebunden hat, ganz und unbeweglich zu sein“ (Fr. 8, 37f.). Dennoch haben die Worte der Göttin nicht den Charakter einer Offenbarungsrede, sondern den einer „hart bestreitenden Widerlegung (ἔλεγχος)“ (Fr. 7, 5), gerichtet gegen die trügerische Rede der Sterblichen, die in ihrem ohnmächtigen, in sich schwankenden Verstand (Fr. 6, 5f.) auch das, was nur an einem bestimmten Ort oder zu einem bestimmten Zeitpunkt ist, was seine Gestalt oder Farbe wechselt oder irgendeiner anderen Form der Veränderung unterliegt, als ein in Wahrheit Seiendes bezeichnen. Um diesen Fehler zu korrigieren, stellt die Göttin des Parmenides anders als die Musen Hesiods die Wahrheit nicht als ein Gut dar, das dem sterblichen Denken von sich aus unzugänglich ist, sondern als eine Gesetzmäßigkeit, die auch vom Den-

tarliteratur gelegentlich als Sonnenbahn verstanden. Ich entnehme diese Hinweise Burkert (1969) 4 mit Anm. 11 und 5f. mit Anm. 14 und 16.

[10] Vgl. damit die Aufnahme dieser Unterscheidung in Fr. 8, 51f.

[11] Zum Bild der Fesselung vgl. Gemelli Marciano (2009) 59ff.

ken eines Menschen nachvollzogen werden kann. Jedenfalls ist das in Wahrheit Seiende hier als das charakterisiert, was menschlichem Denken erkennbar ist, und dem entsprechend das menschliche Denken als eine Kraft, die das in Wahrheit Seiende treffen kann und nicht die ihm exemplarisch von Xenophanes, dem angeblichen Lehrer des Parmenides[12], unterstellte Schwäche aufweist, es grundsätzlich verfehlen zu müssen oder ihm allenfalls vermutungsweise näher kommen zu können[13]. Die Göttin besitzt nur am Anfang ihrer Rede das Privileg, die Unterscheidung zwischen „Wahrheit" und „trügendem Schein" wahrheitsgemäß zu treffen und im Wort auszusprechen. Im Verlauf ihrer Darlegungen aber gibt sie dieses Privileg auf, indem sie eine Fülle von Kriterien nennt, an denen nicht nur ihr „Jüngling", sondern jeder Hörer, insofern er seine Vernunft nur richtig urteilen lässt, das in Wahrheit Seiende an „vielen Zeichen (Fr. 8, 2 f.: σήματα πολλά)" erkennen und deshalb verlässlich von dem unterscheiden kann, was lediglich den Anschein erweckt, etwas in Wahrheit Seiendes zu sein. Die Rede der Göttin ist also die einer lehrenden Autorität und will deshalb das Qualitätsgefälle abbauen, das anfänglich zwischen ihr und ihrem noch nicht wissenden, aber zum Wissen befähigten Schüler besteht. Sie ist nicht an Menschen gerichtet, die ihr gläubig zustimmen sollen, sondern an Mitdenkende, die in der Lage sind, das ihnen Vorgetragene in sich aufzunehmen, es zu ihrem Eigenen zu machen, so dass sie dann auch überzeugt

12 So DL IX, 21 nach Aristoteles, *Metaphysica* A 5, 986 b 21 f. und Theophrast, Fr. 224 (= VS 21 A 31). Seit Theophrast gilt Xenophanes als Begründer der ‚eleatischen' Philosophie, so dass ihm auch die Lehre von der Einheit des Seienden zugeordnet wird.

13 Xenophanes, VS 21 B 34: „Und das Genaue (τὸ σαφές) sah nun freilich kein Mensch, und es wird auch niemanden geben, der es weiß (εἰδώς) hinsichtlich der Götter und aller Dinge, die ich erzähle; denn wenn es einem auch im höchsten Grade gelingen sollte, Vollkommenes (τελεσμένον) auszusprechen, selbst er wüsste es trotzdem nicht: Bei allen gibt es Meinung (δόκος)".

und zugleich überzeugend die Denk- und Sprechweisen kritisieren können, die auf den menschlichen Verkehrwegen üblicherweise als richtig gelten, obwohl sie das in Wahrheit Seiende systematisch verfehlen.

Die Wendung zu begründeter, an allgemeinen Wahrheitskriterien orientierter und argumentativ strukturierter Rede verändert entscheidend das Verhältnis zur Wahrheit, das für die mythische Welt bestimmend gewesen ist. Während aus der Perspektive Hesiods der später vom Sokrates des Xenophon ausgesprochene Satz gelten würde, nach dem die Götter das Wissen dessen, was das Größte ist, sich selbst vorbehalten[14], gilt für Parmenides bereits der Satz, mit dem Aristoteles seine Bestimmung der Philosophie als der „göttlichsten (θειοτάτη) und ehrwürdigsten (τιμιωτάτη) Wissenschaft" abschließt: „Im göttlichen Wesen ist kein Neid denkbar", so dass auch die menschliche Vernunft in der konsequenten Steigerung der Fähigkeiten, die von Natur aus in ihr angelegt sind, das Wissen erreichen kann, das der Gott mit dem Wissen dessen, was im Seienden das Erste und damit der Grund für alles Seiende ist, zwar „am meisten", aber eben nicht ausschließlich besitzt[15]. Von daher könnte man sagen, Parmenides habe die Unterscheidung zwischen dem in Wahrheit Seienden und dem Trügerischen aus dem Raum des Mythos in den des Logos hineingetragen und sie dort zum ersten Mal nicht nur geltend gemacht, sondern auch ausführlich begründet.

Das Rätselhafte daran bleibt jedoch, dass er das weder in seinem eigenen noch im Namen einer zu sich selbst gekommenen und damit autonom gewordenen menschlichen Vernunft getan hat, sondern im Medium einer Rede, die als den

14 Xenophon, *Memorabilia Socratis* I 1, 8. Zum Wissensbegriff des sokratischen Xenophon vgl. Reckermann (2011) II 7ff.

15 Aristoteles, *Metaphysica* A 2, 982b28–983a10 mit der kritischen Distanzierung vom „Spruch des Simonides", dass „nur ein Gott das Vorrecht (γέρας)" auf das Wissen dessen besitzt, was im Seienden das Erste darstellt.

Ort ihrer Wahrheit eine Wirklichkeit benennt, die nur im Medium mythischer Bilder umschrieben werden kann. Sie erklingt nämlich am unheimlichsten Ort, den die griechische Mythologie überhaupt kennt, liegt er doch „hinter dem Haus der Nacht" (Fr. 1, 9), so dass man, um ihn zu erreichen, zuvor „das Tor der Straßen von Nacht und Tag" (11) durchschreiten muss. Dieses Tor hemmt sogar die Fahrt, mit der die Töchter des Sonnengottes ihren Kuros vor das Antlitz der Wahrheitsgöttin bringen wollen, ist es doch verschlossen durch „große Türflügel", zu denen nur die „genau vergeltende Dike die einlassenden Schlüssel" besitzt (13 f.). Die Heliaden müssen deshalb, wenn ihr Vorhaben gelingen soll, die Türhüterin „mit sanften Reden" dazu bewegen, „den verpflöckten Riegel vom Tor zurück zu schieben" (16 f.). Erst nachdem das geschehen ist, können die Kurai „dort mitten durch Wagen und Pferde gradaus der Straße nach" lenken (20 f.) und den Kuros unbeschadet vor das Haus der Wahrheitsgöttin bringen, obwohl auch hier das geöffnete Tor denselben „gähnenden Schlund" sehen lässt (18), den bei Hesiod sogar die unsterblichen Götter wegen seiner undurchdringlichen Abgründigkeit scheuen[16].

Natürlich ist in der Forschung seit langem bekannt, dass das Prooemium des parmenideischen Lehrgedichts die Tartaros-Topographie der hesiodschen *Theogonie* aufnimmt. Walter Burkert hat deshalb die Reise des „Jünglings" zur Wahrheitsgöttin dem nicht nur in Griechenland verbreiteten Topos der Unterweltfahrten zugeordnet[17]. Sie verläuft statt von der Erde zur Höhe des Himmelslichts[18], „unter die

16 Vgl. Hesiod, *Theogonie* 739 ff. Bei Hesiod heißt es deshalb: „und selbst, wer anfangs das Tor durchschritte, gelangte im Laufe eines vollen Jahres noch nicht zum Grunde hinab, vielmehr risse ihn ein furchtbarer Sturm nach dem andern hier- und dorthin".

17 Vgl. dazu auch Mourelatos (1970) 14 f.

18 Das war die lange Zeit gängige Deutung, die vor allem von Fränkel (Bibl. Hölscher (1)[2]) 158 ff. wirkungsmächtig vertreten worden ist: „Die Auffahrt", für die es „einen lokalisierbaren Fahrtweg

Erde“[19] oder besser gesagt an den „Rand (…) der Welt“[20], wo nach Hesiod „der Reihe nach alle: die dunkle Erde, der finstere Tartaros, das unwirtliche Meer und der sternreiche Himmel, Ursprung und Grenzen haben“. Hier befinden sich auch „die schrecklichen Häuser der finsteren Nacht, verborgen in schwärzlichen Wolken“, und das Tor, an dem Nacht und Tag „einander begegnen und grüßen beim Schritt über die mächtige eherne Schwelle“, so dass von ihnen „immer“ nur „eines … über die Erde wandert“, wobei der Tag „den Menschen das vielschauende Licht“ bringt, während „die verderbliche Nacht“, wenn sie zu ihnen kommt, „den Schlaf, den Bruder des Todes, in ihren Armen“ trägt[21]. Bei Parmenides hat dieser Ort jedoch seinen Schrecken verloren, weil sein Kuros unter dem besonderen Schutz göttlicher Mächte steht, sind sie doch mit der Göttin verbunden, die ihm am Ziel seiner Fahrt die Rechte zu freundlichem Gruß reicht und ihm vor dem Beginn ihrer belehrenden Rede über Wahrheit und Trug versichert: „Es war kein schlechtes Geschick das dich leitete, diese Reise zu machen, … sondern Fug und Recht“ (Fr. 1, 22–28). Während Hesiod voraussetzt, dass die Gerechtigkeitsordnung des Zeus trotz ihrer Wirkungsmacht kein vollkommen in sich geschlossenes Sein im Sinne des Parmenides darstellt, sondern auf einem Abgrund

nicht gibt“, sondern „nur: ein Reich, das verlassen wird (das der Nacht, des sinnlichen und irdischen Verhaltens)“, und „ein Fahrtziel (das Reich des Lichts, der Sonne, der Wahrheit)“. So auch Fränkel, s. Bibl. Hölscher (3), 399. Dazu kritisch Primavesi (2011).

19 Burkert (1969) 5.

20 Ebd. 9.

21 Hesiod, *Theogonie* 736–757. Um die ganze Unheimlichkeit dieses Ortes und der Mächte richtig einschätzen zu können, die ihn bewohnen (Thanatos, Hades, Persephone, Kerberos, Styx), muss man den Text über die angegebenen Verse hinaus weiter lesen. Auch auf die leicht variierende Wiederholung der Verse 736ff. in 807ff. ist zu achten. Im 2. Teil seines Gedichts hat Parmenides das Motiv der finsteren Wirkungskräfte der Nacht aufgenommen. Vgl. diese Ausg. 25, Test. 37 und 102f.

ruht, der von Gegenkräften geprägt ist, kann es bei Parmenides Kräfte, die dem in sich vollkommenen Sein auch nur versuchsweise entgegen treten, überhaupt nicht geben. Der „gähnende Schlund" hinter dem Tor der Bahnen von Tag und Nacht öffnet sich nur für den, dem die Wahrheit des Seienden verschlossen bleibt. Für den, der sie kennt, wie die Gottheiten, die dort ihren Wirkungsbereich haben, aber auch für den, der ihr Wissen erfahren darf, besteht das Kontinuum des in Wahrheit Seienden auch dort, wo ein Nicht-Wissender meint, in einen Abgrund des Nicht-Seienden zu blicken und befürchten zu müssen, von ihm verschlungen zu werden. Genau dieser Furcht tritt der Satz entgegen: Nur Sein ist und Nicht-Sein ist nicht.

Wer in der Entwicklung des griechischen Denkens so etwas wie einen Übergang vom Mythos zum Logos oder den Fortschritt von einem Bewusstsein, das sich an übermenschliche naturhaft-göttliche Kräfte gebunden weiß, zu einem Bewusstsein von der Freiheit und Autonomie der menschlichen Vernunft erkennen will, was ja im Ganzen gesehen durchaus richtig ist, der hat Schwierigkeiten, das Denken des Parmenides in diesen Prozess richtig einzuordnen. Die Elemente des Logos, die es unverkennbar entfaltet, sind eingebettet in oder gar überlagert von einer Wahrheitsmacht, die der menschlichen Vernunft auch dann überlegen bleibt, wenn sie das in Wahrheit Seiende richtig denken kann. Das Seiende selbst steht unter einer göttlichen Macht, die von ganz anderer Art ist als die, über die die Gottheiten Homers und Hesiods verfügen, hat sie es doch selbst so „in Fesseln gelegt", dass es in seiner Grenze vollständig und vollkommen ist und damit das Nicht-Sein „in weite Ferne verschlagen" hat (Fr. 8, 28)[22]. Es stellt sich deshalb die Frage, ob die begrifflichen Unterscheidungen, die in der Rede der parmeni-

[22] Gemelli Marciano (2009) 87 verweist unter Berufung auf Kingsley (2003) 173 und 596 darauf, dass das griechische Wort für „verschlagen": ἀπωθεῖν ein terminus technicus für eine gerichtlich angeordnete Verbannung ist.

deischen Wahrheitsgöttin entfaltet werden, „nur ein Mittel“ sind, um den „Jüngling“ durch die magische Zauberkraft ihrer Worte an die von ihr begründete Wahrheit des Seienden zu „fesseln“[23], oder ob ihre Rede das selbständige Denken auch ohne Unterstützung durch Magie und Wortzauber allein aus seiner ihm immanenten Stringenz zur Geltung bringen kann, wie das in der Wirkungsgeschichte des parmenideischen Denkens ja auch tatsächlich geschehen ist[24].

Für diese Wirkungsgeschichte ist es entscheidend gewesen, dass Parmenides nicht nur das in Wahrheit Seiende vom Nicht-Seienden unterschieden, sondern es auch als Eines, Unveränderliches, in sich Vollendetes, Ganzes und in sich Zusammenhängendes bestimmt und deshalb alles, was seine Gestalt oder die Orte und Zeitpunkte wechselt, in oder an denen es den Anschein erweckt, da zu sein, als nicht-seiend bezeichnet hat: Nur Seiendes ist, und nur es ist erkennbar, Nichtseiendes hingegen ist nicht und deshalb auch nicht wirklich erkennbar. Alles ist von Seiendem erfüllt, so dass dem Nichtseienden darin überhaupt kein Ort zukommt. Das sind die zentralen Gedanken, die von der Wahrheitsgöttin im ersten Teil des parmenideischen Lehrgedichts vorgetragen werden. Im zweiten Teil hingegen will sie erklären, wie bei den Sterblichen ein „Dünken“ entstehen konnte, in dem „keine wahre Verlässlichkeit ist“, obwohl es in der Tat „alles durchaus“ vollständig „durchdringt“, so dass ihm eine gewisse Gültigkeit nicht abzusprechen ist (Fr. 1, 28ff.). Im ersten Teil geht es also um das, was in späterer Redeweise

23 So die extreme Deutung von Gemelli Marciano (2009) 58ff., das Zitat ebd. 59. Für sie gehört das Lehrgedicht des Parmenides zur Gattung der Zaubersprüche, weil die Göttin durch die endlose Repetition eingängiger Formeln das Denken und die Zunge des Angesprochenen so fest an ihre Rede binden und ihn dadurch genau so unbeweglich machen will wie es das in die Fesseln seiner Grenze gebundene und dadurch unbeweglich gemachte Seiende ist.

24 So die vorsichtigere und deshalb umsichtigere Deutung von Burkert (1969) 25.

„Ontologie" heißt, im zweiten hingegen um Kosmologie oder Kosmogonie, so dass sich die Frage stellt, ob und wenn ja, wie diese beiden Teile, die sich als wahre und trügerische Rede radikal zu widersprechen scheinen, miteinander verbunden sind.

Vielleicht hat niemand den Gedanken des Parmenides genauer aufgenommen als Platon. Wenn er nämlich die Entstehung des Kosmos thematisiert, dann hat die vom Astronomen Timaios vorgetragene Rede „über das All" bezeichnenderweise einen dreifachen Anfang: 1) die im bittenden Gebet (27c: εὔχεσθαι) vollzogene „Anrufung der Götter und Göttinnen", die dafür Sorge tragen mögen, „dass wir vor allem nach *ihrem* Sinne (νοῦς) ... reden", 2) die Anrufung der eigenen Kraft, damit sie ihre Gedanken „am besten darlegen" und dadurch die Zuhörer „am leichtesten" zu begreifendem Nachdenken anregen kann, und schließlich 3) die Einführung der allerersten Unterscheidung, mit der die eigentliche Rede „über das All" beginnt, nämlich die zwischen dem „stets Seienden und keine Entstehung Habenden" und dem „stets Werdenden, aber nimmerdar Seienden", wovon nur das erste, weil es das „stets sich selbst gleich Seiende (ἀεὶ κατὰ ταὐτὰ ὄν)" ist, „durch verstandesmäßiges Denken erfasst werden kann (νοήσει μετὰ λόγου περιληπτέον)", während über „das Werdende und Vergehende (γιγνόμενον καὶ ἀπολλύμενον), aber nie wirklich Seiende (ὄντως δὲ οὐδέποτε ὄν)" lediglich „Vermutungen" anzustellen sind, die als „Meinen" grundsätzlich „mit vernunftloser Sinneswahrnehmung verbunden bleiben (δόξῃ μετ' αἰσθήσεως ἀλόγου δοξαστόν)"[25]. Bei Platon geht, wenn es erlaubt ist, abkürzungsweise diese beiden

[25] Platon, *Timaios* 27c–28a. Nach meiner Auffassung behauptet der zuletzt zitierte Satz nicht die Identität von „Vermuten" und „vernunftlosem Wahrnehmen". Vielmehr bleibt das Vermuten, auch wenn es besser ist als „vernunftloses Wahrnehmen", mit diesem grundsätzlich verbunden und enthält insofern immer eine Fehlerquelle, von der es sich nicht vollständig befreien kann. Vgl. damit die Selbstcharakterisierung der kosmologisch-kosmogonischen Rede des Astronomen

Schlagworte zu verwenden, der Weg zur „Kosmologie“ über eine „Ontologie“, die offensichtlich an die des Parmenides anknüpft. Genauer: Nur im Durchgang durch die Bestimmung dessen, was das in Wahrheit Seiende ist, wird ein kritisch über seine Möglichkeiten und Grenzen aufgeklärtes Wissen gewonnen, das dann auch die Fragen klären kann, die die jonische Naturphilosophie zwar gestellt, aber nicht in methodisch befriedigender Form beantwortet hat[26]. Nicht nur die allgemeinen Formen des Seienden, die am besten unter dem Titel „Ideen“ bekannt sind, weisen die „Zeichen“ auf[27], die Parmenides für das in Wahrheit Seiende festgelegt hat[28], sondern auch die ‚ungeschriebene Lehre‘ Platons, die alle später entwickelten Theoriekonzepte zumindest der antiken Philosophie in ihrer begrifflichen Tiefenstruktur entscheidend mitbestimmt hat[29], bezieht sich mit ihren beiden Prinzipien „Einheit (ἕν)“ und „unbestimmte Zweiheit (ἀόριστος δυάς)“ auf die Unterscheidung des Parmenides zwischen dem ‚in den Fesseln seiner Grenze gebundenen‘ Seienden und dem ungefesselten Nicht-Seienden, das zwischen Entstehen und Vergehen hin und her schwankt, aber nie wirklich *ist*[30]. Diese auffällige strukturelle Analogie kann in ihrer Bedeutung für die platonische Philosophie und für ihre Wirkungsgeschichte auch nicht durch die Beobachtung gemindert werden, dass Platon den Parmenides, wenn er von ihm

Timaios als an die „Grenzen der wahrscheinlichen Rede“ gebunden (ebd. 30 b und 48 d).

26 Vgl. dafür bereits die Auseinandersetzung des Sokrates mit der jonischen Naturphilosophie im platonischen *Phaidon* (96 a–100 d) und die daraus resultierende „Flucht in die Logoi“. Ausführlicher dazu: Reckermann (2011) II 23–45.

27 Vgl. dafür vor allem Platon, *Symposion* 210 e ff. in Bezug auf die Idee des Schönen.

28 Vgl. Hölscher (1968) 101.

29 Vgl. dafür Krämer (1967) und (1971).

30 Vgl. dazu exemplarisch Wippern (Hrsg. 1972), Gaiser (1968) und Krämer (1990).

ausdrücklich redet, denen zurechnet, die den Späteren, als wären sie kleine Kinder, in Bezug auf das, was sie an dem in Wahrheit Seienden klären wollten, lediglich ein „Geschichtchen (μῦθον)“, und das meint eine ‚von oben herab‘ gesprochene, aber nicht durch allgemein nachvollziehbare Gründe untermauerte Rede mitgeteilt hätten.[31] Die Geste der verbalen Distanzierung kommt auf der begrifflichen Ebene dadurch zum Ausdruck, dass im Konzept platonischer Dialektik die parmenideische Grundunterscheidung von Sein und Nicht-Sein lediglich den ersten Schritt zum Gedanken ihres Zusammenwirkens und ihrer Vermittlung darstellt[32]. Nur wenn auch dem Nicht-Sein des Parmenides in gewisser Weise ‚Sein‘ und dem ‚Sein‘ in gewisser Weise auch ‚Nicht-Sein‘ zukommt, kann das Denken die Fessel loswerden, die es sich selbst auferlegt, wenn es die Ausdrücke „Sein“ und „Nicht-Sein“ im absoluten Sinn verwendet und sich dann gezwungen sieht, sie als absolute Gegensätze zu verstehen. Platon ist darin der Lehrer des Aristoteles und der ihm nachfolgenden Philosophen, dass nach seiner Voraussetzung „Sein“ immer etwas Bestimmtes meint, das als dieses ein bestimmtes Anderes nicht ist, und auch dieses Andere wiederum ein Etwas, das ebenfalls in gewisser Weise *ist*, obwohl es nicht das Bestimmte ist, durch das Anderes von ihm sich unterscheidet[33]. Es unterstützt die Einübung in Grundregeln des kategorial differenzierten Denkens, wenn Platon ausgerechnet im Dia-

[31] Platon, *Sophistes* 242 c. Vgl. ebd. 237 a. Im *Theaitetos* (183 e–184 a) ist Parmenides wegen der „herrlichen Tiefe“ seines Denkens ein Gesprächspartner, von dem die Späteren mit Recht fürchten, dass sie „teils, was er gesagt, nicht verstehen, teils, was er damit gemeint, noch viel weiter dahinten lassen werden“. An derselben Stelle findet sich der Hinweis auf anderes Bild, nämlich das des Zeitgenossen, der sich im Gespräch mit dem jungen Sokrates (vgl. den Dialog *Parmenides*) als erfahrener Dialektiker erweist, worauf auch im *Sophistes* (217 c) angespielt wird.

[32] Vgl. dazu Hölscher, diese Ausgabe 119 f.

[33] Vgl. dazu Beierwaltes (1980).

log *Parmenides* zeigt, dass aus dem hypothetischen Ansatz des Einen, das von jeglicher Vielheit frei ist, lediglich ein unerkennbares Nicht-Sein und aus dem umgekehrten Ansatz des Seins eine ebenso unerkennbare Vielheit hervorgeht, so dass beide Ansätze, zuerst derjenige des Einen, das nichts ist als *Eines*, jedes konkrete Sein und danach der Gegenansatz des Seins, das doch nichts anders denn als ein konkretes *Seiendes* gedacht werden kann, die Form der Einheit aufhebt. Deshalb kann keiner dieser beiden Ansätze als „Weg" gelten, auf dem das Denken das Wahre treffen kann, das der Form nach immer eine bestimmte Einheit darstellt[34]. Das in Wahrheit *Seiende* sind deshalb die allgemeinen Formen, die immer in bestimmter Unterscheidung und zugleich in bestimmter „Verflechtung" mit Anderem sind[35], wobei dieses Andere entweder ebenfalls eine intelligible Wesenheit oder das materielle Substrat darstellt, das erst in der Prägung durch intelligible Formen seinen spezifischen Anteil an der Welt des in Wahrheit Seienden erhält. Der Zusammenhang *zwischen* den allgemeinen Formen, aber auch zwischen ihnen und den besonderen Gestalten der phänomenalen Welt sowie zwischen allem, was in der Welt bewegter Körper ist und wirkt, wird aber letztlich erzeugt und zusammengehalten von der Idee des Guten, die dadurch zwar in jedem ‚Teil' der intelligiblen und der phänomenalen Welt anwesend ist und dennoch als eine jeder gestalthaften Konkretion entzogene Macht allem überlegen bleibt, was als begrifflich bestimmbare oder sinnlich wahrnehmbare Form besteht. Aus der Perspektive bestimmter Wirklichkeit kann man deshalb sagen, dass die ‚Idee des Guten' kein Teil von ihr und deshalb in ihr *nicht* ist, sondern dass sie als das Mächtigste und Ehrwürdigste im Sein ein „Jenseits" gegenüber allem darstellt, was in seinem Sein an den Modus bestimmter Form gebunden ist[36].

[34] Vgl. dazu Platon, *Parmenides* 137 c – 142 a und 142 b – 155 e.

[35] Vgl. dazu insbesondere die platonischen Dialoge *Sophistes*, *Politikos*, *Philebos* und *Timaios*.

[36] Vgl. dazu Platon, *Politeia* 509 b.

Philosophiehistorisch betrachtet scheint mit Parmenides gegenüber dem, was seinem Denken als ‚jonische Naturphilosophie' und als pythagoreische Ontologie der Zahl vorangegangen ist, etwas Neues aufgekommen zu sein, auf das sich die spätere Philosophie in kritischer Auseinandersetzung immer wieder bezogen hat. Aber auch aus dieser Perspektive löst sich das Rätsel seines Denkens nicht auf, weil bis heute umstritten ist, worin dieses Neue besteht. Hegel hat es in seinen *Vorlesungen über die Geschichte der Philosophie* scheinbar schlicht das ‚eigentliche Philosophieren' genannt[37], von dem man erst sprechen könne, wenn sich das Denken von mythischen, sinnlich-materiellen, aber auch von zahlhaften Vorstellungen befreit habe und dadurch als allein „in Begriffen" voranschreitende „Bewegung des Gedankens" „frei für sich selbst" geworden sei[38]. So wird Parmenides wie bereits für Platon und Aristoteles zum Gründungsvater einer Reflexion auf das Prinzip aller Wirklichkeit, das bei ihm nicht mehr materiell oder zahlhaft, sondern zum ersten Mal als reines Sein und damit als begriffliche Form bestimmt worden sein soll. Aristoteles folgt seiner Spur, indem er die Frage, ob das Erste im Seienden eine in sich bewegte und damit dem Werden zugehörige oder eine ‚unbewegte Wesenheit' ist, nach intensiver Diskussion, die zur gehaltvollsten Bewegungstheorie der Antike geführt hat, zugunsten der göttlichen Wesenheit unbewegten Bewegens entschieden und sie als das rein auf sich selbst bezogene und deshalb allein aus sich heraus lebendige Denken charakterisiert hat. Auch wenn er darin

[37] Hegel (1832–1845) Bd. 18, 290: „Mit Parmenides hat das eigentliche Philosophieren angefangen; die Erhebung in das Reich des Ideellen ist hierin zu sehen. *Ein* Mensch macht sich frei von allen Vorstellungen und Meinungen, spricht ihnen alle Wahrheit ab und sagt: Nur die Notwendigkeit, das Sein ist das Wahre. Dieser Anfang ist freilich noch trübe und unbestimmt; es ist nicht weiter zu erklären, was darin liegt; aber gerade dies Erklären ist die Ausbildung der Philosophie, die hier noch nicht vorhanden ist".

[38] Hegel (1832–1845) Bd. 18, 274.

eher der Bestimmung der göttlichen Vernunft (νοῦς) durch Anaxagoras als Parmenides folgt[39], der allerdings gesehen habe, dass die erste Wesenheit nicht materieller und deshalb notwendig unbewegter Natur sei[40], so ist doch nicht zu verkennen, dass bereits Anaxagoras mit seiner Bestimmung des göttlichen νοῦς als selbstbezüglicher Einheit den parmenideischen Begriff des in Wahrheit Seienden so präzisieren wollte, dass er damit auch auf die Frage nach der Entstehung und der internen Ordnung der Natur eine plausible Antwort geben konnte. Wenn Aristoteles in der Auseinandersetzung mit seinen Vorgängern die Atomistik erwähnt und darauf verweist, dass ihre Begründer die einfachen stoffartigen Elemente als „das Volle" und „Seiende", „das Leere" hingegen als „das Nichtseiende" bezeichnet hätten, dann wird deutlich, dass auch Leukipp und Demokrit die Frage des Parmenides nach dem in Wahrheit Seienden als dem in Wahrheit Einen aufgenommen haben, um zu klären, was in einer

[39] Zur besonderen Hochschätzung der insbesondere von Anaxagoras vertretenen Lehre, „dass Vernunft … Ursache aller Schönheit (κόσμος) und Ordnung (τάξις) sei", vgl. Aristoteles, *Metaphysica* I 3, 984b 14ff.

[40] Aristoteles erklärt in seiner Übersicht über die Beiträge der älteren Philosophen zur Bestimmung der Anfangsgründe des Seienden, Parmenides scheine im Unterschied zu den meisten unter den ‚ersten Philosophen', die nur die stoffartigen Prinzipien (τὰς ἐν ὕλης εἴδει ἀρχάς) (*Metaphysica* I 3, 983b7), und anders als die Pythagoreer, die als Mathematiker die Prinzipien ihrer Wissenschaft für die Anfangsgründe aller Dinge gehalten hätten (ebd. I 5, 985b22ff.), „mit hellerer Einsicht (μᾶλλον βλέπων)" als die übrigen Eleaten (Xenophanes und Melissos) (986b27f.) „das begrifflich bestimmte Eine berührt" (986b18f.: ἔοικε τοῦ κατὰ τὸν λόγον ἑνὸς ἅπτεσθαι) und deshalb gelehrt zu haben, „dass das Nichtseiende neben dem Seienden überhaupt nichts sei" und „notwendig das Seiende eins sei und weiter nichts" (986b28ff.). Zur Kritik daran, dass Parmenides den Begriffen „Eines" und „Seiendes" lediglich eine einfache Bedeutung unterstellt, während beide doch in vielfacher Weise ausgesagt werden", vgl. Aristoteles, *Physica* I 3, 186a22ff.

konsequent naturalistischen Perspektive der erste Grund des von Natur aus Seienden ist[41]. Ihre Antwort lautet: Die quantitativ und qualitativ unbestimmbare Pluralität unteilbarer Urkörperchen sind als unentstandene und unvergängliche Einheiten das in Wahrheit Seiende, während der leere Raum kein kompakter Körper ist, aber dennoch als ein körperhaft Nicht-Seiendes *sein* muss, damit körperhafte *primordia rerum* (Lukrez) überhaupt widerspruchsfrei als seiend gedacht werden können. Zwischen Parmenides und den Atomisten stünde dann Empedokles, der bewusst die von Parmenides vorgegebene Form des Lehrgedichts aufgenommen und darin nicht nur vier stoffartige Elemente als göttliche und deshalb unvergängliche Grundeinheiten der Natur bestimmt, sondern auch gelehrt hat, dass sich in ihren von Liebe und Streit regierten Mischungen und Entmischungen nichts anderes verwirklicht als die Einheit des Seienden[42]. So könnte man fortfahren und das Folgende behaupten: Auch Epikurs Bestimmung des Glücks als katastematischer, d.h. als ruhiger Zustand erfahrener Lust, die im Unterschied zur negativ konnotierten kinematischen, d.h. als energetische Aufladung erfahrenen Lust des leidenschaftlich erregten Begehrens immer ganz und vollständig ist und deshalb in sich überhaupt kein Schwanken zwischen Mehr und Weniger kennt – die stoischen Lehren von der kontinuierlichen Gestaltungsbewegung des kosmischen Logos und vom menschlichen Glück als seelischer Unerschütterbarkeit – die skeptische Suche nach konstanter Seelenruhe, die eintritt, wenn die Einsicht in die unaufhebbare Unsicherheit der werdenden Dinge und in ihre daraus resultierende Unerkennbarkeit alle besonderen, auf Wahrheit oder Gerechtigkeit bezogenen Tätigkeiten des Denkens und des Handelns hinter sich lassen kann – aber auch das Eine der Neuplatoniker, das im Her-

[41] Zum eleatischen Fundament der Atomistik vgl. einführend Buchheim (1994) 187ff.

[42] Für den gegenwärtigen Stand der Empedoklesforschung vgl. Primavesi (2013).

vorgang aus sich in die Vielheit auf paradoxe Weise ganz bei sich selbst bleibt und dadurch dem Vielen Spuren seiner absoluten Einheit aufprägt – alle diese Konzepte sind kritische Präzisierungen des Gedankens, der für Parmenides der zentrale gewesen ist: dass nämlich das in Wahrheit Seiende Eines ist und dass nur Seiendes ist, Nicht-Sein hingegen nicht[43].

Als der letzte Wanderer in der weit verzweigten Wegspur seines Denkens[44] erschiene dann Hegel, der am Anfang seiner *Wissenschaft der Logik* zeigt, dass „reines Sein", das „in seiner unbestimmten Unmittelbarkeit" nur „sich selbst gleich" ist und deshalb „keine Verschiedenheit innerhalb seiner, noch nach außen" hat, in seiner „Unbestimmtheit und Leere" nichts anderes ist als das reine Nichts, während dieses wiederum als „einfache Gleichheit mit sich selbst" und damit als „vollkommene Leerheit, Bestimmungs- und Inhaltslosigkeit" der begrifflichen Form nach „dasselbe" ist wie „das reine Sein". Das „Leere" und „Inhaltslose" sind aber nicht das in Wahrheit Seiende und können deshalb auch nicht als dessen Anfang gedacht werden. Das ist vielmehr die Elementarform des Werdens, die begrifflich dadurch gewonnen wird, dass, wenn der Gedanke sich daran versucht, Sein und Nichtsein in ihrer Eigenheit zu bestimmen, das Erste in Nichts und dieses „in Sein … übergegangen ist". „Werden" ist nicht Ausdruck der „Ununterschiedenheit" dieser beiden Begriffe, sondern davon, dass bei dem Versuch, sie begrifflich zu bestimmen, Sein und Nichts „absolut unterschieden,

[43] Dies ist einer der Ansätze, die ich in meiner Darstellung der Denkformen antiker Philosophie und ihrer historischen Entfaltung verfolgt habe: Reckermann (2011).

[44] Hierfür wäre auch die Kommentartradition zum platonischen *Parmenides* zu beachten, die bereits in der Spätantike (Proklos) das parmenideische und platonische ‚Denken des Einen' (Werner Beierwaltes) miteinander verbindet und es auf diese Weise an die mittelalterliche und neuzeitliche Philosophie weiterreicht. Ich kann dafür nur allgemein auf die Arbeiten von Werner Beierwaltes hinweisen, der den Spuren dieser Tradition nachgegangen ist.

aber ebenso ungetrennt und untrennbar sind“, so dass „unmittelbar jedes in seinem Gegenteil verschwindet“[45].

In einer philosophiehistorischen Bemerkung dazu betont Hegel, dass der „einfache (...) Gedanke (...) des reinen Seins“, der in den Begriff des Werdens als Teilmoment eingeht und ihn sogar notwendig aus sich heraus anstößt, zuerst von den Eleaten gefasst worden sei. „Vorzüglich“ habe ihn „Parmenides als das Absolute und als einzige Wahrheit ... mit der reinen Begeisterung des Denkens, das zum ersten Male sich in seiner reinen Abstraktion erfasst, ausgesprochen: nur das Sein ist, und das Nichts ist gar nicht“[46]. Während Hegel über seine Auseinandersetzung mit dem Grundsatz des Parmenides den Satz der Identität von Sein und Nichts und den daraus hervorgehenden Begriff des Absoluten als Geist gewinnt, der sich als Subjekt in das Andere seiner selbst entäußert, wird derselbe Satz in unverarbeiteter Form zum begrifflichen Fundament des „abstrakten Pantheismus“, den nach Hegels Auffassung in neuerer Zeit Spinoza mit Parmenides teilt[47]. Unter dem Titel „abstraktes Identitätssystem“ kritisiert er deshalb jedes Denken, das an den Anfang seines Versuchs, das in Wahrheit Seiende zu begreifen, das gänzlich unbestimmte Sein setzt. In dieser Charakterisierung wäre es nämlich, da es aufgrund seiner „Unbestimmtheit“ ‚nichts hätte, wodurch es sich zu einem Anderen überleitete‘, „zugleich das Ende“, so dass es unmöglich wäre, „aus ihm“ ‚fort zu gehen‘ „zu dem Negativen, Endlichen‘. Die Alternative dazu besteht aber nicht darin, ein bestimmtes Sein als den absoluten Anfang zu setzen, weil dieses immer eine Beziehung zu Anderem enthielte und deshalb in der Abhängigkeit davon kein wirklicher Anfang sein könnte. So stehen sich für Hegel noch in seiner Zeit zwei Möglichkeiten des philosophischen Denkens gegenüber, von denen

[45] Hegel (1831) 66f.
[46] Ebd. 68.
[47] Ebd. 69.

nur diejenige die Wahrheit auf ihrer Seite haben kann, die in homogener Weise vom Allgemeinen zum Besonderen oder, was dasselbe meint, vom Absoluten als dem Ersten zum Endlichen als dem Weiteren voranschreitet.

Parmenides und Spinoza sind allerdings insofern konsequent, als es für sie ein derartiges Voranschreiten überhaupt nicht geben *soll*[48]. Was es aber bedeutet, wenn das unter parmenideisch-spinozistischen Voraussetzungen trotzdem versucht wird, verdeutlicht Hegel am Verhältnis zwischen den beiden ersten Grundsätzen der Fichteschen Wissenschaftslehre. Der erste umschreibt mit dem Setzen des Absoluten in der Form reiner Identität A = A ein ‚fortgangsloses Sein', so dass ein gedankliches Vorwärtsschreiten zum Endlichen einen zweiten Grundsatz erfordert, der den Satz der reinen Identität absolut negiert[49]. Die einzig sinnvolle Alternative zu einer derartigen Inkonsequenz, die das organische Voranschreiten des Denkens systematisch blockiert, besteht deshalb darin, die „Einheit von Sein und Nichts" als die „erste Wahrheit" darzustellen, die als solche „ein für allemal zugrunde liegt und das Element von allem Folgenden ausmacht". Von daher konzipiert Hegel die spekulative Logik, mit der er die Tradition der Metaphysik kritisch so fortsetzt, dass außer dem aus dieser Einheit unmittelbar abgelei-

[48] Hegel (1831) 74 kommt im Ausgang von der logischen Struktur, die er zum ersten Mal im Denken des Parmenides verkörpert sieht, und die nach seiner Überzeugung ihr Recht darin hat, dass sie in der Abwendung von jedem bestimmten ‚Dasein' erstmals „das Element der Wissenschaft erschaffen hat", zu einer bemerkenswerten Einsicht in die „praktische Forderung", die mit dem theoretischen Übergang „vom besonderen endlichen Sein zum Sein als solchem in seiner ganz abstrakten Allgemeinheit" verbunden ist, nämlich die, „dass der Mensch sich zu dieser abstrakten Allgemeinheit in seiner Gesinnung erheben soll", wobei es darum geht, dass ihm das konkrete Dasein im endlichen Leben „gleichgültig" wird. Während Parmenides normalerweise als Gründungsvater des theoretischen Rationalismus gilt, hat Hegel die ethische Dimension seines Denkens nicht übersehen.

[49] Ebd. 80f.

teten „Werden“ auch „alle fernern logischen Bestimmungen: Dasein, Qualität, überhaupt alle Begriffe der Philosophie“ nichts anderes sind als „Beispiele dieser Einheit“[50]. So prägt letztlich wieder der parmenideische Begriff der Einheit als eines ununterbrochenen Zusammenhangs, durch den sich das in Wahrheit Seiende vom Nicht-Seienden unterscheidet, den Versuch seines Kritikers Hegel, das Absolute in der Weise als den Anfang zu denken, dass allein von ihm aus und in ausschließlicher Bindung an das Element des philosophischen Begriffs das Voranschreiten vom Absoluten zum Endlichen möglich ist. Nur aufgrund dieses Ansatzes gelingt es, auch noch die in sich differente und deshalb zur Entzweiung tendierende Grundstruktur der Moderne sowie die mit ihrer Entstehung einhergehenden Veränderungen der Bewusstseinsformen einschließlich der religiösen Vorstellungen und der künstlerischen Darstellungsweisen als Realisierungsform des Absoluten zu verstehen[51].

Im Laufe des 19. und verstärkt im 20. Jahrhundert hat die historisch-philologische Forschung immer deutlicher gezeigt, wie unangemessen es ist, im Denken des Parmenides primär eine Vorgestalt platonischer und aristotelischer Philosophie und damit einer Metaphysik zu sehen, die in Hegel ihre neuzeitliche Erfüllung gefunden hat. Aber auch der Versuch, „vor-sokratische“ Philosophie nicht möglichst geradlinig auf Platon und Aristoteles zulaufen zu lassen, sondern sie im Blick auf ihre eigenen Voraussetzungen zu verstehen, hat das Rätselhafte nicht auflösen können, das im Denken des Parmenides seinen Ausdruck gefunden hat. Gerade wenn man sich nach einer exemplarisch von Karl Reinhardt

50 Hegel (1831) 70. Vgl. ebd. 85f.

51 Die Wirkungsgeschichte parmenideischer Philosophie im 19. und 20. Jahrhundert wäre einer eigenen Darstellung wert. Besonders wichtig dafür sind natürlich Friedrich Nietzsche (vgl. dazu Reckermann (1982)) und Martin Heidegger. Vgl. dafür Heidegger (1954) und (1992).

formulierten Maxime bemüht, das Denken des Parmenides unabhängig von philosophiehistorischen Konstruktionsbedürfnissen „zum Reden" zu bringen, wird um so deutlicher, dass er selbst sich nur „schwer erklärt", so dass nichts anderes übrig bleibt, als „manches, was in seine Verse nicht hinüberkonnte" und deshalb „in seinen Gedanken stumm zurückblieb", „zwischen den Worten und Zeilen und selbst zwischen den Teilen seines Gedichts" als wirksam wahrzunehmen[52]. Jede Parmenides-Ausgabe ist ein erneuter Beweis dafür, dass ein derartiges Wahrnehmen zu sehr unterschiedlichen und oft miteinander völlig unvereinbaren Ergebnissen führt. Dabei scheinen die äußeren Voraussetzungen für eine historisch korrekte Annäherung an Parmenides auf den ersten Blick deutlich besser zu sein als das bei anderen Repräsentanten vorsokratischer Philosophie der Fall ist. Wir kennen von ihm nicht nur einzelne Sätze oder kleinere Satzsequenzen, sondern immerhin den gesamten ersten Teil seines Lehrgedichts. Das liegt an dem glücklichen Umstand, dass der Skeptiker *Sextus Empiricus* (2. Jh. n. Chr.) im Rahmen seiner kritischen Distanzierung von der Grundthese ‚dogmatischer' Philosophie, Seiendes sei in seiner Wahrheit erkennbar, das gesamte Prooemium zum Gedicht des Parmenides als Beispiel für die von ihm bekämpfte Position herangezogen hat (*Adversus mathematicos* VII 111), während der Neuplatoniker *Simplikios*, der nach der Schließung der Platonischen Akademie im Jahre 529 und dem Verbot selbständiger philosophischer Lehrtätigkeit[53] genötigt war, sich auf die Kommentierung klassischer Texte zu verlegen, in seinem Kommentar zur aristotelischen Physik das, was dem Prooemium folgt, deswegen so ausführlich referiert hat, weil die

[52] Reinhardt (s. Bibl. Hölscher) 4.

[53] Beide Maßnahmen sollten die öffentliche Wirksamkeit einer Philosophie einschränken, die, nachdem das orthodoxe Christentum in Byzanz zu politischer und damit natürlich auch zu kulturpolitischer Macht gekommen war, nicht nur als pagan galt, sondern als Quell- und Nährboden für häretische Strömungen bewertet wurde.

Schrift des Parmenides in den Bibliotheken seiner Zeit nur ‚selten zu finden' sei[54]. Der zweite Teil des parmenideischen Gedichts ist dagegen so fragmentarisch erhalten, dass seine vollständige Rekonstruktion nicht möglich ist. Man kann allerdings erkennen, dass dieser Teil der Tradition des kosmogonisch-naturphilosophischen Denkens folgt, auch wenn es nicht leicht zu verstehen ist, warum das dazu Gesagte unter dem Generaltitel ‚das trügerische Dünken der Sterblichen' steht. Das Rätsel des parmenideischen Lehrgedichts, das auch die historisch-philologische Forschung trotz aller direkt darauf bezogenen Anstrengung bis heute nicht auflösen konnte, betrifft deshalb zunächst einmal das Verhältnis zwischen seinen beiden Teilen[55]. Ist das Ganze ein Abschied von einem älteren naturphilosophisch-kosmogonischen Denken, von dem sich eine wahrheitsfähige ‚Ontologie' abspaltet, so dass in Bezug auf den Entstehungsprozess und die Ordnungsformen der Natur nurmehr ein hypothetisches Wissen erreichbar ist, das als solches auf Vermutungen angewiesen bleibt? Wenn das richtig ist, wäre zu klären, ob Parmenides sagen wollte, dass jedes hypothetische Wissen schon als solches fehlerhaft ist, woraus doch allein die Konsequenz zu ziehen wäre, es auf sich beruhen zu lassen, oder ob es für ihn auch im hypothetischen Wissen eine immanente Notwendigkeit oder Stimmigkeit gegeben hat, so dass man auch in seinem Bereich sinnvoll zwischen Überzeugendem und Unverlässlichem unterscheiden kann[56]. Unter dieser Voraussetzung

54 Simplikios, *in Phys.* 144, 25, zitiert und übersetzt bei Gemelli Marciano (2009) 18f.

55 Für eine kritische Übersicht über die wichtigsten Lösungsversuche für dieses Problem vgl. Bormann (Bibl. Hölscher) 10ff.

56 Das ist die stillschweigende Lösung Platons. Vgl. damit die explizite Formulierung bei Plutarch, *adv. Colotem* 13, 1114 D = VS A 34, ins Deutsche übersetzt bei Mansfeld (2011) 317ff.: „Früher als Sokrates und Platon hat er (sc. Parmenides) nämlich begriffen, dass die Wirklichkeit sowohl einen erkennbaren als einen meinbaren Teil enthält und dass das Meinen etwas Unzuverlässiges ist, in vielerart

ließe sich auch nachvollziehen, warum die Wahrheitsgöttin im zweiten Teil ihres Vortrags von der Bildung des Kosmos einschließlich des ihn begrenzenden Fixsternhimmels so spricht, „wie die Notwendigkeit ihn (sc. den Fixsternhimmel, AR) führt“ und dabei so „in Bande geschlagen hat, dass er die Grenzen der Gestirne halte“ (Fr. 10, 6f.). Tritt also im zweiten Teil dieselbe Macht wieder auf, die im ersten das Seiende „in den Fesseln der Grenze hält“ (Fr 8, 30f.)? Und ist das der Grund dafür, dass der entstandene Kosmos die im Fr. 8 des ersten Teils genannten „Zeichen“ des in Wahrheit Seienden an sich hat, weil er eben „voll ist von Licht *und* unsichtbarer Nacht, beiden gleichstarken, da in *keinem* der beiden ein Nichts ist“ (Fr. 9, 3f.)? Wenn also Simplikios, diesmal allerdings in seinem Kommentar zur aristotelischen Schrift *de caelo,* berichtet, dass die Göttin den zweiten Teil ihrer Darlegung mit einer Erklärung darüber begonnen habe, „wie Erde, Sonne und Mond, der gemeinsame Äther und die himmlische Milchstraße und zuäußerst der Olympos und die heiße Gewalt der Gestirne in Gang gesetzt wurden zu entstehen“ (Fr. 11), kann das kaum als Darstellung purer Unwahrheit gemeint sein. Wird also lediglich der Urfehler des normalen Denkens kritisiert, das durch die willkürliche „Setzung“ von Worten und begrifflichen Unterscheidungen trennt, was in Wahrheit zusammen gehört? Und beruht die Ordnung des Kosmos selbst auf Notwendigkeit, so dass die

Zuständen und Wandlungen Befindliches, indem es untergeht und wächst und sich jedem anderen gegenüber anders und für die sinnliche Wahrnehmung nicht immer in derselben Weise demselben gegenüber verhält, während das Erkennbare anderer Art ist; es ist nämlich aus einem Glied und unbeweglich und nicht entstanden … und mit sich selbst identisch und bleibend im Sein. Indem nun Kolotes einzelnes aus seinem Zusammenhang löst und es dann … falsch interpretiert, … behauptet er, dass Parmenides alles abschafft, wenn er annimmt, dass das Seiende eins ist. Parmenides jedoch schafft keine von beiden Naturen ab, sondern gibt jeder Natur (d.h. der erkennbaren wie auch der meinbaren) das ihr Zukommende“.

Göttin auch im zweiten Teil ihrer Rede eine „ganz und gar passende Welteinrichtung" „verkündet" (Fr. 8, 60), an der man die ‚Zeichen' des in Wahrheit Seienden nicht übersehen kann? Statt um eine Überwindung der Kosmologie durch eine Ontologie geht es also wohl eher um eine Verschränkung zwischen beiden Reflexionsformen, bei der die Kosmologie von der ‚Ontologie' entscheidend vorgeprägt ist.

Zu dem Rätsel, das die Konsistenz des Lehrgedichts und damit seine Aussageabsicht insgesamt betrifft, und für dessen Lösung in der Forschung auch noch andere als die hier angedeuteten Lösungen vorgeschlagen werden, die hier im Einzelnen nicht aufzuführen, geschweige denn kritisch zu diskutieren sind, kommen zum wenigsten zwei andere, aber ebenso fundamentale Probleme hinzu, die das Verständnis des ersten Teils erschweren. (1) Wie ist der Begriff des Seienden zu verstehen, das dort in aller Strenge als ungewordene, mit sich selbst identische, unerschütterliche, unvergängliche Einheit bestimmt und damit dem Werden insgesamt so entgegensetzt wird, dass auch kein Einzelnes *ist*, wenn es denn wird und vergeht? Und wie muss (2) der Satz verstanden werden, der offensichtlich das gedankliche Zentrum des ersten Teils ausmacht, dass es nämlich ein und dasselbe ist, von dem gleichartig gilt, dass es gedacht werden und dass es sein kann? Was aber bedeutet dann die Einheit von Sein und Denken? Was ist das für ein Seiendes, das im Denken anwesend sein kann, weil es Zeichen an sich hat, die das vernünftige Denken ausschließlich und von sich aus dem in Wahrheit Seienden zuordnet? Und was ist das für ein Denken, dessen Wahrheit und Verlässlichkeit darin begründet ist, dass es Seiendes denkt, so dass das in Wahrheit Seiende der Garant der Wahrheit ist, die das Denken vergegenwärtigt und ausspricht? Inwiefern und aufgrund welcher Voraussetzung hat das Denken ein Wissen seiner selbst, wenn es im vollen Bewusstsein der zwei oder drei Möglichkeiten, die ihm grundsätzlich offen stehen, genau den Weg gehen kann, der allein das in Wahrheit Seiende trifft, und die anderen Wege aus dem Wissen heraus nicht geht, dass dort das in Wahrheit Seiende nicht zu finden ist?

Zugleich gibt es für den ersten Teil nicht nur inhaltliche Verstehensprobleme, sondern auch Fragen, die seine konkrete Textgestalt betreffen. Jeder Herausgeber steht deshalb vor der Aufgabe, nahezu für jede Zeile eine begründete Entscheidung zwischen verschiedenen Lesarten fällen zu müssen, die nicht nur einzelne Worte, sondern oft auch deren Stellung im Satzgefüge oder gar den Ort eines Satzes im Ganzen des Textes betreffen. Man kann diese Probleme nicht für nebensächlich erklären, weil der Weg zum Sinnganzen des parmenideischen Lehrgedichts nur zu finden ist, wenn man sich mit seinen einzelnen Worten und Sätzen des materiellen Substrats vergewissert, das allein seinen Gesamtsinn tragen kann.

Um dem Leser einen ungefähren Endruck von den Rätseln zu geben, die sich, wenn überhaupt, nur durch exakte philologische Forschung lösen lassen, möchte ich nur zwei Beispiele anführen, von denen das erste ein einzelnes, aber für den Gesamtsinn des Gedichts außerordentlich wichtiges Wort und das zweite die Stellung eines Satzes im Ganzen des Textes betrifft.

Gleich in den ersten Zeilen des Prooemiums ist die Rede vom „Kunde-reichen Weg der Göttin …, der den wissenden Mann durch alle Städte führt“. Natürlich muss man fragen, was das für ein Weg ist, wie der „wissende Mann“ ihn erreicht hat, warum und inwiefern der Weg derjenige „der Göttin“ ist, warum er „durch alle Städte führt“ und zugleich „fernab vom Verkehr des Menschen“ liegt. Wie verläuft dieser Weg, was sind sein Ausgangspunkt und sein Ziel? Woher kommen die „Sonnenmädchen“, die die weitere Fahrt des Jünglings so lenken, dass er auf der von ihm schon eingeschlagenen Bahn vor das „Tor der Straßen von Nacht und Tag“ gelangt? Warum ist er ein Wissender, wenn er dieses Ziel nicht ohne fremde Hilfe erreichen kann und zudem der Belehrung durch eine Göttin bedarf, die ihm zunächst versichert, es sei „kein schlechtes Geschick", das ihn zu ihr geführt habe, und ihm danach ausführlich erklären muss, dass nur Sein ist und erkannt werden kann, Nichtsein hingegen weder ist noch zu erkennen ist? Das Rätsel betrifft also den Charakter des Weges, das Wissen, das der Jüngling schon vorher besitzt, und das Verhältnis zwischen diesem Wissen und der Kunde, die er nur über den Weg gewinnen kann, der einerseits „durch alle Städte führt", andererseits „fernab vom Verkehr der Menschen liegt", wobei das „fernab" im Griechischen (ἐκτός = außerhalb) diese Ferne so betont, dass damit vollständige Unerreichbarkeit gemeint ist. Es wäre deshalb zwar noch längst nicht alles, aber doch schon Wichtiges gewonnen, wenn es zumindest gelänge, den Widerspruch zwischen den beiden Charakterisierungen des „Kunde-reichen Weges der Göttin" aufzulösen, der zum einen „durch alle Städte (κατὰ πάντ' ἄστη) führt" und zum anderen „fernab vom Verkehr der Menschen liegt". Im Vers Fr. 1. 3 ist das Substantiv ἄστη („Städte") nur unsicher überliefert. Relativ gut lesbar ist nur die Buchstabenfolge ‚alpha', ‚tau' und ‚eta' (α, τ, η). Von daher besteht durchaus die Möglichkeit, ἄστη zu lesen, wofür sich auch Uvo Hölscher im Anschluss an Hermann Diels entschieden hat[57]. Die Editoren des Sextus-Textes (*adv. math.* VII 111) haben dafür aber verschiedene Alternativen vorschlagen, so dass der Weg auch „durch alles Deutliche (σαφῆ)" geht oder der Jüngling „durch alle Stationen (παντ' ἄντην)" des Weges getragen wird[58]. Weitere Alternativen hat Hölscher im Lesartenapparat seiner Ausgabe genannt. Walter Burkert diskutiert kritisch die Lesart αὐτή („von selbst") und erwähnt die Interpretationen von Francis Macdonald Cornford und William Keith Chambers Guthrie, die den „Weg der Göttin" als Sonnenbahn verste-

57 Vgl. VS I 288, apparat. crit.

58 Vgl. dafür Coxon (1986) 45, apparat. crit.

hen[59]. Guthrie hat deshalb zusammen mit der Übersetzung des κατά durch „über hinweg" (statt „hindurch") auch die inhaltlich problematische Lesart ἄστη verteidigt; denn von der Bahn des Helios kann man in der Tat beides sagen, dass sie „über alle Städte hinweg" führt und doch auch „fernab vom Verkehr der Menschen" liegt[60]. Laura Gemelli Marciano hingegen hat sich der alten Konjektur von Simon Karsten angeschlossen[61], wonach der Weg den parmenideischen „Jüngling" „durch alles Dunkle bringt (κατὰ παντ' ἄδαῆ)"[62]. So unterstützt sie die Interpretation ihres Lehrers Walter Burkert, der den „Weg der Göttin"[63] als Initiationsweg deutet und deshalb den „wissenden Mann" wie vor ihm bereits Hermann Diels und Cecil Maurice Bowra als „Eingeweihten" im Sinne der Mysterienkulte versteht, der den Weg in die Unterwelt und damit an die Grenze zwischen Tod und Leben deswegen nicht mehr fürchten muss, weil er ihn in der kultischen Begegnung mit der Unterweltgottheit schon gegangen

59 Für dieses Verständnis der Reise des parmenideischen Kuros vgl. Bowra (Bibl. Hölscher) 109 mit Berufung auf *Orphica fragmenta* (ed. Kern) 47, 3. Bowra arbeitet die intertextuellen Bezüge heraus, ohne deren Kenntnis die Aussageabsicht des Prooemiums (und damit natürlich auch die des Lehrgedichtes insgesamt) nicht richtig eingeschätzt werden kann.

60 Vgl. dafür Burkert (1969) 5f. mit den Nachweisen in den einschlägigen Anmerkungen, die ich hier nicht wiedergebe. Zu denken wäre auch an die Lösung von Fränkel (Bibl. Hölscher (1)²) 160f. mit Anm. 2 und 3, der die ἄστη unter Hinweis auf Pindar als Bezeichnung nicht für konkrete Städte, sondern für eine lokal unbestimmbare Ferne versteht, was Lukrez später beim Preis Epikurs (1, 71ff.: omne immensum peragravit mente animoque) aufgenommen habe.

61 Karsten (1835).

62 Gemelli Marciano (2009) 10 und 74f.

63 Auch hier gibt es eine Diskussion darüber, ob im griechischen Text tatsächlich, wie heute allgemein akzeptiert, ὁδὸν δαίμονος (Genitiv) steht oder die von Wilamowitz vorgeschlagene plurale Form δαίμονες, was sich dann auf die Heliaden beziehen muss, die den „wissenden Mann" auf diesem Weg fahren. Vgl. dazu Burkert (1969) 3f., Anm. 9.

ist[64]. Weder die Frage nach der Aussageabsicht des Prooemiums (nur eine Allegorie oder mythisch ernst gemeinte Umschreibung eines göttlich beglaubigten Wissens) und damit des ganzen Gedichts noch die nach dem Ziel der dort beschriebenen Fahrt (Auffahrt von der Dunkelheit zum Licht, von der Erde zum Himmel oder Fahrt an den unheimlichen Grenzort aller Wirklichkeit) ist sicher zu beantworten, wenn man in Vers 3 ein Schlüsselwort nicht lesen kann und zudem weiß, dass jede Entscheidung, die man fällt, auch wenn sie gut begründet ist, immer auch gute Gründe gegen sich hat.[65]

Das zweite Beispiel, das ich nennen möchte, betrifft die Einordnung des Fragments 4 in den Zusammenhang des Gedichts. Wie die von Hermann Diels vorgegebene und von Walther Kranz beibehaltene Numerierung andeutet wird der von Clemens Alexandrinus ohne jede Kontextangabe wiedergegebene Satz normalerweise dem ersten Teil des Ge-

[64] Burkert (1969) 5. Ich habe mich, wenn auch mit inneren Zweifeln, der von Gemelli Marciano bevorzugten Lesart von Simon Karsten angeschlossen, obwohl ich auch die bei Burkert angeführte Deutung von Guthrie durchaus plausibel finde. Es hilft auch nicht, wie O'Brien (1987) 3 und 9f. im Text eine Lücke zu lassen und die verschiedenen Möglichkeiten ihrer Füllung in den Anmerkungen lediglich zu nennen.

[65] Die in meinen Augen bislang überzeugendste Auflösung der Fragen, die sich im Blick auf die Fahrt des permenideischen Jünglings stellen, findet man bei Primavesi (2011): Der Jüngling erreicht die „Bahn der Gottheit" aus eigener Kraft. Sie wird tagsüber von Helios und nach Einbruch der Dämmerung von der Nacht durchfahren und hat ihren Ausgangspunkt am „Haus der Nacht". Die Heliaden, die ihm auf ihrem Weg vom Dunkel ins Licht entgegenkommen, bringen den Jüngling in der Weise zum Ausgangspunkt ihrer Fahrt, dass er auf dieser Bahn „an jedem Punkt (κατὰ παντ' ἄντηv) vorwärts" kommt (195). Die Beschreibung der Fahrt des Jünglings zur „Burg" der Nacht, die für ihn auch die Göttin ist, die im Gedicht zu ihrem Jüngling spricht, wird bei Primavesi zum Ausgangspunkt für eine aufschlussreiche Deutung der Gesamtaussage und damit auch des Verhältnisses zwischen den beiden Teilen des parmenideischen Lehrgedichts.

dichts zugeordnet, so dass er auf jeden Fall nach dem Proœmium anzusetzen ist. Hier ist es das für Uvo Hölscher charakteristische Gespür für sprachliche Zusammenhänge, in diesem Fall für Einleitungen und Überleitungen, das ihn so mutig sein lässt, als einziger Herausgeber dem Vorschlag von Jean Bollack zu folgen und diesen Satz ganz an den Schluss des zweiten Teils zu setzen[66]. Mit geht es nicht darum, diese gut begründete Entscheidung so zu charakterisieren, als sei sie über alle Zweifel erhaben, sondern allein darum, auch bei Lesern, die aus welchen Gründen auch immer der philologischen Basisarbeit am Text fern stehen, ein Bewusstsein für die eminenten Risiken zu vermitteln, die jeder Herausgeber und damit auch jeder Interpret des Parmenides bewältigen muss. Es gibt keine risikolose Parmenides-Interpretation, so dass die Möglichkeit des Irrtums fest in sie eingeschrieben ist. Der Verzicht auf ein solches Risiko wäre allerdings nicht Ausdruck überlegener Weisheit, sondern die Abweisung des lebendigen Kontakts mit einer nicht nur historisch, sondern auch inhaltlich wichtigen Grundform des philosophischen Denkens, die auch heute noch wie kaum eine andere aus dieser Epoche des philosophischen Denkens zu einer Reflexion auf das menschliche Wirklichkeitsverständnis und seine Voraussetzungen einlädt.

Um nachvollziehen zu können, worin die besondere Hilfestellung besteht, auf die sich stützen darf, wer heute bei seinem Studium des Parmenides die Ausgabe von Uvo Hölscher zur Hand nimmt, muss man wissen, was das Interesse gewesen ist, das in ihr seinen Ausdruck gefunden hat. Hölscher hat zur Gattung der unkonventionellen Graezisten gehört, die zur klassischen Überlieferung und den in ihr artikulierten Normen ein durchaus kritisches Verhältnis entwickelt haben. Er wollte den offensichtlichen Bedeutungsverlust,

66 Seine Begründung für diese Entscheidung muss ich hier nicht wiederholen (vgl. 107f.) und Hölscher (1968) 118ff.

den die gesamte klassisch und so auch die griechisch profilierte Bildung spätestens in der Nachkriegszeit aus vielfältigen Gründen erlitten hat, nicht als Bildungskatastrophe beklagen, sondern die „Chance des Unbehagens", das sich auf diese Tradition selber richtete, produktiv für einen neuen Zugang zu ihr ausgenutzt wissen[67]. Das Vorbild dafür ist Friedrich Nietzsche gewesen, der in ihr wie vor ihm bereits Hölderlin[68] statt der stabilisierenden die „sprengenden Kräfte"[69], „das Leidenschaftliche, Übermäßige, Widersprüchliche, ... die Lust- und Leidensfähigkeit, den Ernst des Erkennens, Pessimismus als Ausdruck der Fülle", kurz „den Blick in die Abgründe des Daseins" wahrgenommen" hat[70]. Auseinandersetzung mit griechischer Bildung, wie Hölscher sie geleistet hat, muss zum einen mit der für die Griechen ganz undenkbaren, aber durch die Erkenntniserfolge der modernen Naturwissenschaften unumkehrbar gewordenen Einsicht zurechtkommen, dass die Gegenwart der Antike nicht mehr darin folgen kann, in der Struktur des Komsos verbindliche Normen für das eigene Verhalten erkennen zu wollen[71]. Zum anderen muss gesehen werden, dass die Altphilologie selbst durch die „historische Arbeit", der sie nicht ausweichen kann, alle „klassischen Werte", die nicht nur das deutsche Bildungsbürgertum des 19. Jahrhunderts auf Griechenland zurückprojiziert hat, aus ihrem eigenen Impetus heraus historisiert und damit relativiert[72]. Mit Nietzsche hat Hölscher gewusst, dass bereits die griechische Welt den modernen ‚Nihilismus' antizipiert hat, und zwar durch „die Lösung vom mythischen Denken, das Wagnis der Philosophie,

67 Vgl. dafür Hölscher (1965).

68 Vgl. in diesem Zusammenhang auch die Hölderlins Antikenbezug gewidmeten Beiträge in Hölscher (1994).

69 Uvo Hölscher, Selbstgespräch über den Humanismus, in Hölscher (1965), zitiert nach Hölscher (1994) 270.

70 Hölscher (1994) 271.

71 Ebd. 265f.

72 Ebd. 268.

Ersetzung des Königtums durch Bildung von Gemeinwesen, die tragische Religiosität, Einsicht in die technische Natur des Menschen, in das Problematische der Sprache und des Benennens, in die Bedingtheit der Werte und der Erkenntnis". Es gehört aber ebenso zur griechischen Welt, dass im Hellenismus, also in der Zeit des größten Erfolgs ihrer Bildung, der „ältere Geist" und das von ihm „kühn Begonnene" „dem Bedürfnis nach universalen Systemen" gewichen ist, „mit denen der Einzelne in einer entfremdeten politischen Welt sein privates Dasein bestreite(n)" konnte, und „ein philosophischer Monotheismus den paradoxen Ernst und Tiefsinn des polytheistischen Mythus" bestenfalls in einem „Sonderreich der Phantasie" hat weiterleben lassen[73]. Die Liebe insbesondere zum „älteren Griechentum" und zu allem, was darin als „Verlangen nach erhöhtem Leben"[74] zur Form geworden ist, hat bereits für Nietzsche ‚Unzeitgemäßheit' bedeutet, also eine bewusst vollzogene Entfernung von der Gegenwart, die das Eigene dadurch in produktiver Weise fragwürdig werden lässt, dass das ihr selbstverständlich Gewordene bestimmter Modi kulturell qualifizierter Lebensführung „dort in einer anderen Möglichkeit, ja überhaupt im Stande der Möglichkeiten" begegnet. Wenn es deshalb einen spezifischen Grund dafür gibt, sich noch „am Altertum" erziehen zu lassen, dann besteht dieser nach Hölscher nicht in der Förderung einer formalen Bildung, die ein älterer Humanismus vor allem an das Erlernen griechischer und lateinischer Grammatik gebunden sehen wollte, sondern in der einzigartigen Begründung „kritischer Phantasie", die, statt „mit Gelerntem richtig umzugehen", „schöpferisch" „Möglichkeiten" des menschlichen Selbst- und Wirklichkeitsverständnisses zu denken wagt und sich darin „vom Zwang des Gegebenen, der Majorität" im Sinne „des Zeitgemäßen" di-

73 Ebd. 272.
74 Ebd. 277.

stanziert[75]. In dieser Weise und in dieser Absicht ist es Hölscher darum gegangen, insbesondere in der frühgriechischen Literatur und Philosophie ‚geschichtlich-anthropologische Zusammenhänge' frei zu legen[76] und dadurch auch unter der Voraussetzung einer dem Historismus verpflichteten Positivität philologischer Forschung dem „Bedürfnis" nachzukommen, „Erfahrungen der Literatur unmittelbar auf das Leben zu beziehen"[77].

Das gilt natürlich auch für seinen Versuch, das Denken der Vor-Sokratiker als „anfängliches Fragen" von der deutlicher sprechenden klassischen Philosophie im Sinne von Platon und Aristoteles zu unterscheiden[78]. Wie sein Lehrer Karl Reinhardt[79] hat Hölscher gegen die seit Aristoteles vorherrschende „problemgeschichtliche Betrachtung der Philosophiegeschichte" daran gearbeitet, „die eigenen Wege und Formen frühgriechischen Denkens[80]" herauszustellen. Dabei hat er die Vorsokratiker „einerseits in die Nähe vorgriechischer Mythologie gerückt"[81] und „andrerseits hinter ihrer Physik ein existentielles Motiv" wahrnehmbar machen wollen, „das aus der Erfahrung der menschlichen Vergänglichkeit das Problem von Werden und Vergehen im Ganzen stellt"[82]. Nun steht Parmenides orientalischen Mythen deutlich weniger nahe als Hesiod, Thales, Anaximenes oder Anaximander, aber er ist wegen des zweiten Teils seines Lehrgedichts durchaus ‚Physiker' im Sinne der jonischen Tradi-

75 Hölscher (1994) 278.

76 Hölscher (1969), zitiert nach Hölscher (1994) 397.

77 Hölscher (1994) 395.

78 Hölscher (1968) 5f. Die Studien sind Anaximander, Parmenides, Heraklit und Empedokles gewidmet.

79 Vgl. dazu Hölscher (1958), zitiert nach Hölscher (1994) 238–247.

80 Anspielung auf den Titel von Fränkel wie Bibl. Hölscher (1)[2].

81 Vgl. dafür vor allem Hölscher (1968) 9–89: Anaximander und der Anfang der Philosophie.

82 Hölscher (1968) 5f. Vgl. dafür auch Hölscher (1972), zitiert nach Hölscher (1994) 137–148. Zu Parmenides dort 142ff.

tion. Wie diese Physik zu verstehen ist und vor allem, wie sie aus seiner Ontologie zwingend hervorgeht, zeigt Hölscher in seinem Beitrag zum ‚anfänglichen Fragen' des Parmenides, dessen letzter Abschnitt jedoch ein Thema hervorhebt, das kaum jemand sonst im Zentrum des parmenideischen Denkens verankert gesehen hat: „Das Nichtsein des Todes"[83]. Bei aller philologischen Meisterschaft in der Erschließung sprachlicher Details, die mit besonderer Intensität bei einem Text ins Spiel gebracht werden muss, bei dem „mehr als bei irgendeinem anderen (sc. Text der vorsokratischen Philosophie) … das Verständnis des Ganzen am Verständnis des Einzelnen" ‚hängt'[84], gilt dieses Bemühen letztlich dem Ziel, auch für Parmenides „den Punkt seines eigentlichen Ernstes" zu finden. Dafür orientiert sich Hölscher an der Intuition Nietzsches, dass Gleiches nicht auf Gleichem, sondern auf seinem Gegenteil beruht. So hat der „logische Impuls" und das von ihm genährte „Pathos der stolzen Distanz, mit dem er (sc. Parmenides) vom Standpunkt der Wahrheit" auf die im zweiten Teil seines Gedichts thematisierte „Welt des Scheines herunterblickt"[85], einen Grund, der nicht in der Logik selbst gelegen hat, aber in sein Denken so tief eingelagert gewesen sein muss, dass er ihn ausdrücklich gar nicht hätte zur Sprache bringen können. Das Gegenteilige des Erkenntnisoptimismus, der in seiner Sprache zu bezwingender Form geronnen ist, konnte nur ein grundsätzlicher Pessimismus gegenüber dem Leben sein, einschließlich einer tiefen Skepsis gegenüber der Möglichkeit, das, was in Wahrheit ist, so zu erkennen, wie es von sich her ist[86]. Greifbar wird dieses Gegenteilige im zweiten Teil des Lehrgedichts. Dafür zeigt Hölscher in einem ersten Schritt, dass die innere Einheit dieses Textes sich dadurch verwirklicht, dass aus der Seinslogik „zwei physikalische Vorstellungen" hervorgehen, die seitdem

83 Hölscher (1968) 126–129.
84 Ebd. 90.
85 Ebd. 127.
86 Ebd. 127f.

„zum unverlierbaren Besitz griechischer Kosmologie gehören“, nämlich die Vorstellung von der Kugelgestalt des Himmels und der Erde – Konsequenz aus dem in Fr. 8, 42 ff. formulierten Vergleich des in Wahrheit Seienden mit „der Masse eines wohlgerundeten Balles“ – und die Theorie der Mischung, die direkt mit „der Entdeckung der Gegensätze als unverlierbarer Wesenheiten“ (Fr. 8, 53 ff.) zusammenhängt[87]. Für das von Hölscher angesprochene existentiale Motiv ist die Mischungstheorie der entscheidende Schlüssel, weil nach ihr die gesamte Natur, insofern sie eine „Mischung aus Feuer und Nacht“ darstellt, den Rahmen für die Wahrnehmungslehre des zweiten Teils festlegt. Das Zwischenstück, das von der Mischungstheorie zur Wahrnehmungslehre überleitet, ist die Beschreibung des menschlichen Leibes, der als Teil der sichtbaren Natur ebenfalls aus Feuer und Nacht gemischt ist. Alles, was von ihm ausgeht oder in ihm seinen Ort hat, ist deshalb eine besondere Realisierungsform des Mischungsprozesses aus Licht und Nacht, so dass auch wahrnehmendes Erkennen[88] dadurch stattfindet, dass nach der Regel, dass Gleiches sich nur auf Gleiches richten kann, „das Feurige in uns das Lichte“, „das Nächtige in uns“ hingegen „das Dunkle und Feste“ ergreift[89]. Auch wenn das Licht gegenüber dem Dunklen „einen Erkenntnisvorrang“ hat[90], gehört es zur Konsequenz dieser Theorie, dass auch der Tote „wie alles Seiende eine Art von Erkenntnis hat“, wobei er „wegen des Verlusts des Feuers Licht, Wärme und Stimme nicht wahrnimmt, wohl aber ihre Gegensätze: Kälte, Schweigen usw.“ (Fr. 16). Ursache aller Mischung ist die in Fr. 12, 3 genannte „Göttin (δαίμων) die alles lenkt“. Sie, die „als ersten von allen Göttern Eros ersann“, ist deshalb auch die Ur-

87 Ebd. 110 f.

88 Vgl. dazu diese Ausgabe 103 ff. Zum Begriff des νοῦς als erkennender Wahrnehmung vgl. von Fritz, Bibl. Hölscher (2).

89 Hölscher (1968) 112. Zur Erkenntnis- und Wahrnehmungstheorie des Parmenides vgl. ebd. 112 ff.

90 Ebd. 117.

sache für das Entstehen der übrigen Götter und der Menschen, wobei sie die Sterblichen dadurch ins Dasein treten lässt, dass sie durch die Wirkung des Eros „die abscheuliche Geburt und Mischung" herbeiführt, indem „sie zum Männlichen das Weibliche schickt, dass es sich mische", wie „umgekehrt zum Weiblichen das Männliche". Zugleich ist sie aber auch die Ursache ihres Vergehens, weil sie „die Seelen einmal aus dem Sichtbaren ins Unsichtbare sendet[91] und dann wieder den umgekehrten Weg" (Fr. 13). Nur die von der Göttin des Parmenides verkündete Physik, die kontinuierlich aus der ‚wahren' Ontologie hervorgeht, kann demjenigen, der im Blick auf die Sterblichkeit eines Lebens, das nicht nur dem Tod, sondern auch ständig der bedrohlichen Macht ‚nächtiger Gewalten' ausgesetzt ist[92], am Dasein verzweifelt, den Zusammenhang der Natur als den der Einheit von Leben und Tod als die in sich unerschütterliche Wahrheit des richtigen Denkens vor Augen stellen und damit dasselbe leisten wie das Wort des theogonischen Sängers bei Hesiod. Dabei geht es aber nicht um die Überwindung des eher momentan auftretenden Affekts eines „frisch" angreifenden Leids, sondern eher darum, ein Denken, das sich mehr oder weniger kontinuierlich auf den von Sophokles fixierten Satz festgelegt hat: „Nicht geboren sein, der Güter höchstes"[93], zuerst durch die gedanklich entfaltete Sprache der wahren Ontologie und dann durch die Lehrsätze des ihm konsequent folgenden Physikers auf den umgekehrten Weg einer begrifflich fundierten Lebenszustimmung zu bringen. Auf diese Weise,

[91] Der griechische Text ἐκ τοῦ ἐμφανοῦς εἰς τὸ *ἀειδές* assoziiert das Unsichtbare mit der Totenwelt des Hades. Vgl. dazu Hölscher (1968) 128f.

[92] Vgl. dazu diese Ausgabe 102f. im Blick auf test. 37 (= Cicero, de nat. deor. I 11, 28). Zu den ‚nächtigen Gewalten' bei Hesiod, auf die sich Parmenides bezieht, vgl. Fränkel, Bibl. Hölscher (1)², 316–334.

[93] Sophokles, *Oedipus auf Kolonos* 1224ff. Zur Bedeutung dieser Konzeption des Lebenspessimismus, die Nietzsche noch in der *Geburt der Tragödie* aufgerufen hat, vgl. Reckermann (2011) I 100f.

die dazu noch verdeutlicht, wie die beiden Teile des parmenideischen Lehrgedichts zusammenhängen, zeigt sich, dass das Denken des in Wahrheit Seienden als des Einen und in sich Zusammenhängenden, das sich darin ausspricht, nicht, wie Nietzsche das unterstellt hat, einem ungriechischen „Moment der ... völlig blutlosen Abstraktion" entsprungen ist[94], sondern dass es das Problem des Todes und der damit verbundenen Nächtigkeit des Lebens gewesen ist, das sowohl seiner Ontologie als auch der von ihr ausgehenden Kosmologie Anstoß und Ziel vorgegeben hat. Die Gegensatzlehre des zweiten Teils, die als Theorie der Erscheinungen ausspricht, was die Ontologie des ersten Teils als Theorie des in Wahrheit Seienden lehrt, führt zwingend zur Lehre vom Nichtsein des Todes. So besteht der ‚Anfang', von dem das Fragen des Parmenides ausging, in der Verarbeitung der irritierenden Erfahrung des Werdens und Vergehens, die nach Hölscher aus dem Augenblick heraus möglich wurde, „als ihm aufging ...: es gibt keine Löcher von Nichtsein in dem Kontinuum des Ganzen, es ist nur Seiendes, und das Seiende ist Eines"[95]. Hölscher klagt damit für Parmenides ein, was Nietzsche nur seinem Heraklit konzedieren wollte, nämlich die Fähigkeit, die Wirkung der „furchtbare(n) und betäubende(n) Vorstellung" der „gänzliche(n) Unbeständigkeit alles Wirklichen, das fortwährend nur wirkt und wird und nicht ist", „in das Entgegengesetzte", also „in das Erhabne und das beglückte Erstaunen zu übertragen"[96]. Für Nietzsche war dies nur möglich „durch einen göttlichen Blitzschlag", der hinter der Dunkelheit des Werdens, das den „ewigen Wellenschlag (...)" und „Rhythmus der Dinge" bestimmt, „Gesetzmäßigkeiten, unfehlbare Sicherheiten, immer gleiche Bahnen" und damit „das Schauspiel einer wal-

94 So Friedrich Nietzsche, *Die Philosophie im tragischen Zeitalter der Griechen*, zitiert nach Nietzsche, KStA I 836. Vgl. dazu Hölscher (1968) 126f.

95 Hölscher (1968) 129.

96 Nietzsche KStA I 824f.

tenden Gerechtigkeit und dämonisch allgegenwärtiger, ihrem Dienste ergebener Naturkräfte“ sichtbar macht[97]. So wie Heraklit „den Gesammtklang der Welt in sich nachtönen ... lassen und ... in Begriffen“ herausstellen konnte[98], so hat nach Hölscher auch Parmenides die Fähigkeit besessen, das, was ihm im Augenblick höchster Irritation als die Wahrheit des Seienden aufging, auf Dauer zu stellen und im Kontinuum einer Dichtung gegenwärtig zu halten, die wie das Seiende selbst „gleich der Masse eines wohl gerundeten Balles von der Mitte aus nach allen Teilen gleich sich schwingt“ (Fr. 8, 43)“, so dass es das Gleiche ist, „von wo sie anfängt“, und wohin sie wieder zurückkehrt (Fr. 5). So eignete auch Parmenides die von Nietzsche als genuin philosophisch charakterisierte Kraft, im diskursiven Element des kontinuierlich voranschreitenden ‚dialektischen Denkens‘ die „Verzauberung festzuhalten“ und „zu petrifizieren“[99], die im Sinne Hölschers das ‚Anfängliche‘ seines Denkens gewesen ist. Aus dieser Gestaltungskraft resultiert deshalb auch „die verhaltene Leidenschaft seiner Sprache ..., die nirgends sieghafter aus der archaischen Form herausspringt, als wo er, am Ende seines langen syllogistischen Beweisganges, verkündet: ‚So ist Entstehen ausgelöscht und verschollen Vergehen‘“[100].

Hölschers Ausgabe kann dem heutigen Leser auf der einen Seite die philologischen Wort- und Sachprobleme erschließen, ohne deren Lösung ein angemessenes Verständnis des parmenideischen Denkens nicht möglich ist, wobei derjenige, der genauerer Kenntnis bedarf, nicht darauf verzichten wird, auch einen Blick in andere ältere[101] und neuere kommentierte

97 Ebd. 822.

98 Ebd. 817.

99 Ebd.

100 Hölscher (1968) 129. Vgl. damit den Schluss des Kommentars in der vorliegenden Ausgabe 114f.

101 Vgl. dazu die Angaben zu den Editionen von Diels, Tarán, Untersteiner, Heitsch und Bormann in der Bibliographie der vorliegenden Ausgabe 121ff.

Ausgaben der Parmenides-Fragmente zu werfen[102]. In Hölschers Deutung wird Parmenides überzeugend zum Vertreter einer ontologisch und zugleich erkenntniskritisch fundierten Physik besonderer Art. In ihr geht es nicht nur um die geistige Bewältigung menschlicher Sterblichkeit, sondern um den Versuch, das menschliche Wirklichkeitsbewusstsein auf einen Zusammenhang des Ganzen blicken zu lassen, der das menschliche Dasein und auch das ihm zugehörige Denken übersteigt, auch wenn wir ein solches Ganzes der Natur heute im Medium der Wissenschaft nicht mehr erschließen können. Zudem kann Parmenides uns daran erinnern, dass das Denken, das notwendig Differenzen produziert und dadurch die unbestimmte Pluralität von Unterscheidungen hervorbringt, auch die Fähigkeit entwickeln muss, die Einheit nicht aus dem Bewusstsein zu verlieren, die seinen begrifflichen Unterscheidungen vorausliegt. Der Imperativ, mit dem Hölscher das Gedicht des Parmenides enden lässt, ist deshalb auch an uns gerichtet: „Schau mit dem Geist die entfernten Dinge gleichermaßen als fest gegenwärtige. Denn er wird nicht das Seiende vom Zusammenhang mit dem Seienden abschneiden, weder wenn es sich überallhin und gänzlich im Weltgefüge ausbreitet noch wenn es sich zusammenballt“.

102 Ich nenne dafür Coxon (1986), Conche (1996) und O'Brien (1987) sowie die kritische Diskussion bisheriger Interpetationsprobleme bei Meijer (1997). Für den Diskussionsstand bis ca. 1970 vgl. Bormann (1971) und für den gegenwärtigen Kraus (2013).

BIBLIOGRAPHIE

Die in der Einleitung zitierten und bereits in Hölschers Bibliographie nachgewiesenen Titel sind dort (S. 121 ff.) vollständig angegeben.

Beierwaltes, Werner

– (1980), „Nicht-Sein ist". Identität und Differenz als Elemente platonischer Dialektik, in: ders., Identität und Differenz, Frankfurt am Main 9–23.

Buchheim, Thomas

– (1994), Die Vorsokratiker. Ein philosophisches Portrait, München.

Burkert, Walter, Weisheit und Wissenschaft, Studien zu Pythagoras, Philolaos und Platon, Nürnberg 1962.

– (1969), Das Proömium des Parmenides und die Katabasis des Pythagoras, Phronesis 14, 1–30, zitiert nach Burkert (2008) 1–27.

– (2008), Kleine Schriften VIII. Philosophica, hrsg. von Thomas A. Szlezák und Karl-Heinz Stanzel, Göttingen.

Conche, Marcel

– (1996), Parménide. Le Poéme. Fragments, Paris.

Coxon, Allan H.

– (1986), The Fragments of Parmenides. A critical text with introduction, translation, the ancient testimonia and a commentary, Assen. Revised and Expanded Edition, Las Vegas 2009.

DL Diogenes Laertius, Vitae Philosophorum, recognovit Herbert S. Long, Oxonii 1964.

Gaiser, Konrad

– (1968), Platons ungeschriebene Lehre. Studien zur systematischen und geschichtlichen Begründung der Wissenschaften in der Platonischen Schule. Mit einem Anhang: Testimonia Platonica. Quellentexte zur Schule und mündlichen Lehre Platons, Stuttgart, 2. Aufl. ([1]1963).

Gemelli Marciano, M. Laura

– (2009), Die Vorsokratiker, Bd. II: Parmenides,Zenon, Empedokles. Griechisch-lateinisch-deutsch. Auswahl der Fragmente und

Zeugnisse, Übersetzung und Erläuterungen von M. L. Gemelli Marciano, Düsseldorf.
Hegel, Georg Wilhelm Friedrich
– (1832–1845), Vorlesungen über die Geschichte der Philosophie I, zitiert nach ders., Werke in zwanzig Bänden. Auf der Grundlage der Werke von 1832–1845 neu ed. Ausgabe. Redaktion Eva Moldenhauer und Karl Markus Michel, Frankfurt a. M. 1971, Bd. 18.
– (1831), Wissenschaft der Logik, hrsg. von Georg Lasson, Hamburg 1934.
Heidegger, Martin
– (1954), Moira (Parmenides, Fragment VIII, 34–41) in: ders. Vorträge und Aufsätze, Pfullingen 223–248).
– (1992), Parmenides, Freiburger Vorlesung vom Wintersemester 1942/43, Bd. 54 der Gesamtausgabe letzter Hand, Frankfurt am Main [2]1992, hrsg. von Manfred S. Frings, [1]1982.
Hölscher; Uvo
– (1958), Karl Reinhardt, zitiert nach Hölscher (1994) 239–247
– (1965) Die Chance des Unbehagens. Drei Essais zur Situation der klassischen Studien, Göttingen.
– (1968), Anfängliches Fragen – Studien zur frühen griechischen Philosophie, Göttingen.
– (1969), Antrittsrede vor der Heidelberger Akademie der Wissenschaften, zitiert nach Hölscher (1994) 394–397.
– (1972), Das existentiale Motiv der frühgriechischen Philosophie, zitiert nach Hölscher (1994) 137–148.
– (1994), Das nächste Fremde. Von Texten der griechischen Frühzeit und ihrem Reflex in der Moderne, hrsg. von Joachim Latacz und Manfred Kraus, München.
Karsten, Simon
– (1835), Philosophorum Graecorum veterum praesertim qui ante Platonem floruerunt operum reliquiae. I: Parmenidis Eleatae Carminis Reliquiae, Amsterdam.
Kingsley, Peter
– (2003), Reality, Inverness.
Krämer, Hans Joachim
– (1967), Der Ursprung der Geistmetaphysik Untersuchungen zur Geschichte des Platonismus zwischen Platon und Plotin, Amsterdam 2. Aufl.

– (1971), Platonismus und hellenistische Philosophie, Berlin/ New York.
– (1990), Plato and the Foundations of Metaphysics. A Work on the Theory of the Principles and Unwritten Doctrines of Plato with a Collection of the Fundamental Documents, Albany (N. Y.).

Kraus, Manfred
– (2013), Parmenides, in: Die Philosophie der Antike, Bd. 1: Frühgriechische Philosophie, hrsg. von Hellmuth Flashar, Dieter Bremer und Georg Rechenauer, Basel, 441–530.

KRS
– Geoffrey S. Kirk, John E. Raven, Malcolm Schofield, Die vorsokratischen Philosophen. Einführung, Texte und Kommentare. Ins Deutsche übers. von Karlheinz Hülser, Stuttgart/Weimar 2001 (engl. Erstausgabe: Presocratic Philosophers, Cambridge University Press 1957, ²1983).

Mansfeld, Jaap
– (2011), Die Vorsokratiker, griechisch–deutsch, erw. Neuausgabe, Stuttgart.

Meijer, Pieter A.
– (1997), Parmenides Beyond the Gates. The Divine Revelation of Being, Thinking and the Doxa, Amsterdam.

Nietzsche KStA
– Friedrich Nietzsche, Sämtliche Werke. Kritische Studienausgabe in 15 Bänden, hrsg. von Giorgio Colli und Mazzino Montinari, München 1980.

O'Brien, Denis
– (1987), in: Études sur Parménide Tome I: Le poème de Parménide. Texte, traduction, essai critique, Paris.

Primavesi, Oliver
– (2011), Der Weg zur Offenbarung: Über Licht und Nacht im Proömium des Parmenides, in: Gyburg Radke-Uhlmann, Arbogast Schmidt (Hg.), Anschaulichkeit in Kunst und Literatur. Wege bildlicher Visualisierung in der europäischen Geschichte. Colloquium Rauricum 11, Berlin/Boston, 181–231.
– (2013), Empedokles, in: Die Philosophie der Antike, Bd. 1: Frühgriechische Philosophie, hrsg. von Hellmuth Flashar, Dieter Bremer und Georg Rechenauer, Basel, 667–739.

Reckermann, Alfons
– (1982), Nietzsche und Parmenides, Philosophisches Jahrbuch der Görres-Gesellschaft 89, 325–346.
– (2011), Den Anfang denken. Die Philosophie der Antike in Texten und Darstellung, Bd. I, II und III, Hamburg 2011.
Wippern, Jürgen
– (Hrsg. 1972), Das Problem der Ungeschriebenen Lehre Platons. Beiträge zum Verständnis der platonischen Prinzipienphilosophie, Wege der Forschung, Bd. 186, Darmstadt.

VORWORT*

von Uvo Hölscher †

Unter den frühgriechischen philosophischen Texten hat der des Parmenides die nachhaltigste Wirkung auf die folgende Geschichte des griechischen und des abendländischen Denkens gehabt. Er ist zugleich der einzige, der trotz seiner fragmentarischen Überlieferung den Gedankengang noch deutlich erkennen läßt. Für seine zweite Hälfte müssen zum Teil antike Zeugnisse den originalen Text ersetzen: Sie sind hier nur so weit aufgenommen, als sie bestimmte Inhalte des Parmenideischen Gedichts referieren, die in Fragmenten nicht belegt sind, während alle Interpretationen weggelassen wurden. Das vollständigere Material findet man in den Fragmenten der Vorsokratiker von Diels, deren Numerierung hier übernommen ist, auch wo in einigen Fällen die Reihenfolge verändert wurde.

In dieser Frühzeit des Denkens hängt der Gedanke noch so sehr am Wort, daß eine Übersetzung nicht bestehen kann ohne den griechischen Text, der sie beglaubigt. Aber auch das Deutsche allein sollte dem Leser möglichst die volle Sicherheit des Wortlauts geben, die der griechische Text gewährt. Die Übersetzung ist darum eine möglichst grammatische und wörtliche. Aber die Wörtlichkeit sollte nicht das Dunkle und Unentschiedene des griechischen Ausdrucks nur auf deutsch wiederholen, sondern das Gemeinte entschieden ausdrücken. Hierbei ist gelegentlich auch gegen den nächsten Wortsinn eine Wendung vorgezogen worden, die keinen Zweifel läßt.

* Hölschers Ausgabe der Fragmente des Parmenides ist zuerst 1969 in der von Hans Blumenberg, Jürgen Habermas, Dieter Henrich und Jacob Taubes herausgegebenen Theorie-Reihe des Suhrkamp Verlags erschienen.

Die Übersetzung ist also schon Interpretation. Trotzdem brauchte der Text, wegen der großen Entfernung seiner Denkweise und wegen seines bruchstückhaften Zustands, eine längere Erläuterung, als in dieser Reihe philosophischer Texte üblich ist. Diese sollte den Leser möglichst mit einer Auslegung bekannt machen, die dem gegenwärtigen Stand der philosophischen und philologischen Parmenidesforschung entspräche. Doch sind die Auffassungen nicht nur der Lehre, sondern auch des Textes selber so kontrovers, daß etwas Einheitliches sich daraus nicht herstellen läßt. Der Herausgeber hatte sich zu entscheiden; und zwar nicht nur von Fall zu Fall, sondern für eine entschiedene Konzeption des Ganzen. Damit trotzdem der Leser nicht einer einzelnen Auffassung sich ausgeliefert fühlt, sind nicht nur dem griechischen Text Fußnoten beigefügt, die über umstrittene Varianten der Überlieferung und über Konjekturen Rechenschaft geben, sondern auch der Übersetzung Anmerkungen angehängt, in denen zu zahlreichen Stellen Alternativübersetzungen gebracht werden; beides mit ausgewählten Literaturhinweisen, die den, der sich mit der hier gegebenen auseinandersetzen mag, weiterführen.

Das Nachwort ist dafür von der Auseinandersetzung mit anderen Interpretationen möglichst freigehalten worden. Es verfährt als fortlaufende Erläuterung der Texte und soll einen Begriff von der Absicht des Ganzen vermitteln. Dabei ist, auf dem notwendig beschränkten Standpunkt der philologischen Erklärung, von der höheren und weiteren Interpretierbarkeit der Texte, besonders nach der Seite der philosophiegeschichtlichen Problematik hin, abgesehen und zunächst nur ihr einfaches Verständnis gesucht worden; zugleich aber in der Überzeugung, daß es sich bei den Vorsokratikern zwar um etwas schwer Zugängliches, aber jedenfalls um etwas Einfaches handle.

In dieser Neuauflage [(1986)] sind einzelnen Stellen der Übersetzung Neuformulierungen beigegeben, den Erläuterungen ein Nachwort hinzugefügt. Die Bibliographie wurde um einige neuere Titel ergänzt.

PARMENIDES

Vom Wesen des Seienden

ΠΑΡΜΕΝΙΔΟΥ ΠΕΡΙ ΦΥΣΕΩΣ

Fr. 1 | ἵπποι ταί με φέρουσιν, ὅσον τ' ἐπὶ θυμὸς ἱκάνοι,
πέμπον, ἐπεί μ' ἐς ὁδὸν βῆσαν πολύφημον ἄγουσαι
δαίμονος, ἣ κατὰ πάντ' ἄστη φέρει εἰδότα φῶτα·
τῆι φερόμην· τῆι γάρ με πολύφραστοι φέρον ἵπποι
ἅρμα τιταίνουσαι, κοῦραι δ' ὁδὸν ἡγεμόνευον.
ἄξων δ' ἐν χνοίῃσιν ἵει σύριγγος ἀυτήν
αἰθόμενος· δοιοῖς γὰρ ἐπείγετο δινωτοῖσιν
κύκλοις ἀμφοτέρωθεν, ὅτε σπερχοίατο πέμπειν
Ἡλιάδες κοῦραι, προλιποῦσαι δώματα νυκτός,
εἰς φάος, ὠσάμεναι κράτων ἄπο χερσὶ καλύπτρας.
ἔνθα πύλαι νυκτός τε καὶ ἤματός εἰσι κελεύθων,
καί σφας ὑπέρθυρον ἀμφὶς ἔχει καὶ λάινος οὐδός·
αὐταὶ δ' αἰθέριαι πλῆνται μεγάλοισι θυρέτροις·
τῶν δὲ Δίκη πολύποινος ἔχει κληῖδας ἀμοιβούς.
τὴν δὴ παρφάμεναι κοῦραι μαλακοῖσι λόγοισιν

3 δαίμονος Sext (Verdenius (1) 66): δαίμονες Stein (Wilamowitz (1) 204) πάντ' ἄστη Diels VS (Fränkel (1)[2] 160): πάντἀτη (πάντα τῆ) Sext (Coxon (2) 69): πάντ' ἀσινῆ Meineke (Jaeger 116)

Die Stuten, die mich fahren so weit nur mein Wille dringt, | Fr. 1
trugen mich voran, da sie mich auf den Kunde-reichen Weg
der Göttin gebracht hatten, der den wissenden Mann durch alle Städte führt.
Darauf fuhr ich: da nämlich fuhren mich die aufmerksamen Stuten,
die den Wagen zogen; und Mädchen lenkten die Fahrt.
Und die Achse in den Naben gab den Kreischton einer Rohrpfeife von sich
vor Hitze, so wurde sie getrieben von den zwei gedrehten
Rädern zu beiden Seiten, wenn schleuniger sich sputeten
die Sonnenmädchen, mich voranzufahren, hinter sich das Haus der Nacht,
dem Lichte zu, und von den Häuptern mit Händen die Schleier aufschlugen.
Da ist das Tor der Straßen von Nacht und Tag,
und ein Türsturz umschließt es und steinerne Schwelle.
Das Tor selber, aus Ätherlicht, ist ausgefüllt von großen Türflügeln.
Zu dem hat Dike, die genau vergeltende, die einlassenden Schlüssel.
Ihr sprachen nun die Mädchen mit sanften Reden zu

3 [*besser:* auf die … Bahn des Daimons …, die … führt. (*Der ‚Daimon' ist das persönliche Geschick.*)]

πεῖσαν ἐπιφραδέως, ὥς σφιν βαλανωτὸν ὀχῆα
ἀπτερέως ὤσειε πυλέων ἄπο· ταὶ δὲ θυρέτρων
χάσμ' ἀχανὲς ποίησαν ἀναπτάμεναι πολυχάλκους
ἄξονας ἐν σύριγξιν ἀμοιβαδὸν εἰλίξασαι
γόμφοις καὶ περόνῃσιν ἀρηρότε· τῇ ῥα δι' αὐτέων
ἰθὺς ἔχον κοῦραι κατ' ἀμαξιτὸν ἅρμα καὶ ἵππους.
καί με θεὰ πρόφρων ὑπεδέξατο, χεῖρα δὲ χειρί
δεξιτερὴν ἕλεν, ὧδε δ' ἔπος φάτο καί με προσηύδα·
ὦ κοῦρ' ἀθανάτοισι συνάορος ἡνιόχοισιν,
ἵπποις ταί σε φέρουσιν ἱκάνων ἡμέτερον δῶ,
χαῖρ', ἐπεὶ οὔτι σε μοῖρα κακὴ προὔπεμπε νέεσθαι
τήνδ' ὁδόν· ἦ γὰρ ἀπ' ἀνθρώπων ἐκτὸς πάτου ἐστίν·
ἀλλὰ θέμις τε δίκη τε. χρεὼ δέ σε πάντα πυθέσθαι
ἠμὲν ἀληθείης εὐκυκλέος ἀτρεμὲς ἦτορ
ἠδὲ βροτῶν δόξας, ταῖς οὐκ ἔνι πίστις ἀληθής.
ἀλλ' ἔμπης καὶ ταῦτα μαθήσεαι, ὡς τὰ δοκοῦντα
χρῆν δοκίμως εἶναι διὰ παντὸς πάντα περῶντα.

1–30 *Sextus* VII § 111 ff. 28^{b}–32 *Simplicius* de caelo S. 557 28^{b}–30 *Diogenes Laert.* IX § 22 29–30 *Clemens Strom.* V § 59 *Plutarch* adv. Col. 1114

29 εὐκυκλέος Simpl (Diels (1) 54): εὐπειθέος Sext Clem Diog Plut (Deichgräber 650, Mourelatos 154 ff.: εὐφεγγέος Procl **32** δοκίμως Simpl (Reinhardt 9): δοκιμῶσ(αι) Diels (1) 57 περῶντα Simpl (cod. A) (Reinhardt 27): περ ὄντα Simpl (DEF) (Owen 89)

und bewogen sie klug, daß sie ihnen den verpflöckten Riegel
gleich vom Tor zurückschöbe. Und das, im Aufspringen,
ließ einen gähnenden Schlund aus den Türflügeln erscheinen, während es seine bronzebeschlagenen
Pfosten, mit Nägeln und Nieten gezimmert, einen nach dem andern in den Pfannen drehte.
Dort denn mitten durch
lenkten die Mädchen, gradaus der Straße nach, Wagen und Pferde.
Und die Göttin empfing mich freundlich, sie ergriff mit ihrer Hand
meine Rechte, redete mich an und sprach diese Worte:
Jüngling, Gefährte unsterblicher Lenkerinnen!
da du mit den Stuten, die dich fahren, zu unserem Hause gelangst,
Heil dir! denn es war kein schlechtes Geschick, das dich leitete,
diese Reise zu machen – sie liegt ja wahrlich fernab vom Verkehr der Menschen –
sondern Fug und Recht: Du darfst alles erfahren,
sowohl der runden Wahrheit unerschütterliches Herz
wie auch das Dünken der Sterblichen, worin keine wahre Verläßlichkeit ist.
Aber gleichwohl wirst du auch dies verstehen lernen, wie das ihnen Dünkende
gültig sein mußte und alles durchaus durchdringen.

29 [*Die Textvariante* der überzeugenden Wahrheit *ist vorzuziehen.*]

Fr. 5 | ξυνὸν δέ μοί ἐστιν,
ὁππόθεν ἄρξωμαι· τόθι γὰρ πάλιν ἵξομαι αὖθις.

Proclus Parm. I S. 708

Fr. 2 | εἰ δ' ἄγ' ἐγὼν ἐρέω, κόμισαι δὲ σὺ μῦθον ἀκούσας,
αἵπερ ὁδοὶ μοῦναι διζήσιός εἰσι νοῆσαι·
ἡ μὲν ὅπως ἔστιν τε καὶ ὡς οὐκ ἔστι μὴ εἶναι,
πειθοῦς ἐστι κέλευθος· ἀληθείηι γὰρ ὀπηδεῖ·
ἡ δ' ὡς οὐκ ἔστιν τε καὶ ὡς χρεών ἐστι μὴ εἶναι,
τὴν δή τοι φράζω παναπευθέα ἔμμεν ἀταρπόν·
οὔτε γὰρ ἂν γνοίης τό γε μὴ ἐόν· οὐ γὰρ ἀνυστόν·
οὔτε φράσαις.

Proclus Tim. I S. 345 3–8 *Simplicius* Phys. S. 116

Fr. 3 | … τὸ γὰρ αὐτὸ νοεῖν ἐστίν τε καὶ εἶναι.

Clemens Storm. VI § 23 *Plotin* Enn. V 1,8 *Proclus* Parm. S. 1152

Fr. 6 | χρὴ τὸ λέγειν τε νοεῖν τ' ἐὸν ἔμμεναι· ἔστι γὰρ εἶναι,
μηδὲν δ' οὐκ ἔστιν· τά σ' ἐγὼ φράζεσθαι ἄνωγα.
πρώτης γάρ σ' ἀφ' ὁδοῦ ταύτης διζήσιος ⟨εἴργω⟩,
αὐτὰρ ἔπειτ' ἀπὸ τῆς, ἣν δὴ βροτοὶ εἰδότες οὐδέν

Fr. 2 **4** ἀληθείηι Bywater: ἀληθείη codd. Fr. 6 **3** ⟨εἴργω⟩ ergänzt Diels

Es ist für mich das Gleiche, | Fr. 5
von wo ich anfange; denn dahin kehre ich wieder.

~

So komm denn, ich will dir sagen – und du nimm die Rede auf, die du hörst – | Fr. 2
welche Wege des Suchens allein zu denken sind.
Der eine: daß (etwas) ist, und daß nicht zu sein unmöglich ist,
ist der Weg der Überzeugung, denn die geht mit der Wahrheit.
Der andre: daß (etwas) nicht ist, und daß nicht zu sein richtig ist,
der, zeige ich dir, ist ein Pfad, von dem keinerlei Kunde kommt.
Denn was eben nicht ist, kannst du wohl weder wahrnehmen – denn das ist unvollziehbar –
noch aufzeigen.

~

Denn dasselbe kann gedacht werden und sein. | Fr. 3

~

Richtig ist, das zu sagen und zu denken, daß Seiendes ist; denn das *kann* sein; | Fr. 6
Nichts *ist nicht*: das, sage ich dir, sollst du dir klarmachen.
Denn das ist der erste Weg des Suchens von dem ich dich abhalte;

Fr. 2 **5** [*deutlicher:* daß nicht zu sein unausweichlich ist; *vgl. Fr. 7.1*]
Fr. 6 **1** [*das heißt:* Denn nur Seiendes kann sein; ein Nichts kann nicht sein.]

πλάττονται, δίκρανοι· ἀμηχανίη γὰρ ἐν αὐτῶν
στήθεσιν ἰθύνει πλαγκτὸν νόον· οἱ δὲ φοροῦνται
κωφοὶ ὁμῶς τυφλοί τε, τεθηπότες, ἄκριτα φῦλα,
οἷς τὸ πέλειν τε καὶ οὐκ εἶναι ταὐτὸν νενόμισται
κοὐ ταὐτόν, πάντων δὲ παλίντροπός ἐστι κέλευθος.

1–2[a] *Simplicius* Phys. S. 86 1[b]–9 S. 117 8–9[a] S. 78

Fr. 7 | οὐ γὰρ μήποτε τοῦτο δαμῆι εἶναι μὴ ἐόντα·
ἀλλὰ σὺ τῆσδ' ἀφ' ὁδοῦ διζήσιος εἶργε νόημα
μηδέ σ' ἔθος πολύπειρον ὁδὸν κατὰ τήνδε βιάσθω,
νωμᾶν ἄσκοπον ὄμμα καὶ ἠχήεσσαν ἀκουήν
καὶ γλῶσσαν, κρῖναι δὲ λόγωι πολύδηριν ἔλεγχον
Fr. 8 | ἐξ ἐμέθεν ῥηθέντα. μόνος δ' ἔτι μῦθος ὁδοῖο
λείπεται ὡς ἔστιν· ταύτηι δ' ἐπὶ σήματ' ἔασι
πολλὰ μάλ', ὡς ἀγένητον ἐὸν καὶ ἀνώλεθρόν ἐστιν,
οὖλον μουνογενές τε καὶ ἀτρεμὲς οὐδ' ἀτέλεστον·

5 πλάττονται = πλάζονται Diels (1) 72 **6** πλαγκτὸν Fränkel (1) 171[1]: πλακτὸν Simpl (Diels (1) 73) Fr. 8 **4** οὖλον μουνογενές Simpl Philop Clem (Owen 101): ἔστι γὰρ οὐλομελές Plut Procl (Burnet 160[4] Kranz VS) οὐδ' ἀτέλεστον Brandis: ἠδ' ἀτέλεστον Simpl (Diels (1) 75): ἠδ' ἀγένητον Clem Plut Ps-Plut Philop Procl: ἠδὲ τέλειον Owen 102, ἠδὲ τελεστόν viell. richtig Tarán 94

sodann aber von dem, worauf ja die Sterblichen, die nichts wissenden,
umherwanken, die doppelköpfigen: denn Ohnmacht lenkt in ihrer
Brust ihren schwankenden Verstand, und sie treiben dahin
so taub als blind, blöde, verdutzte Gaffer, unterscheidungslose Haufen,
bei denen Sein und Nichtsein dasselbe gilt
und nicht dasselbe, und es in allen Dingen einen umgekehrten Weg gibt.

Denn dazu werden sich Dinge gewiß niemals zwingen lassen: zu sein, wenn sie nicht sind. | Fr. 7
Du aber halte den Gedanken von diesem Weg des Suchens fern,
und laß die Gewohnheit der vielen Erfahrung dich nicht auf diesen Weg nötigen,
das ziellose Auge umherzulenken und das widerhallende Gehör
und die Zunge; sondern beurteile mit dem Denken die hart bestreitende Widerlegung,
die von mir vorgebracht worden ist. So bleibt einzig noch übrig die Rede von dem Weg, | Fr. 8
daß (etwas) ist. An ihm sind sehr viele Kennzeichen,
daß Seiendes ungeworden und unvergänglich ist,
ganz und einheitlich, und unerschütterlich und vollendet.

Fr. 8 **4** [*genauer:* und nicht unvollendet; *vgl. Fr. 8.32 u. 42*]

οὐδέ ποτ’ ἦν οὐδ’ ἔσται, ἐπεὶ νῦν ἐστιν ὁμοῦ παν,
ἕν, συνεχές· τίνα γὰρ γένναν διζήσεαι αὐτοῦ;
πῆι πόθεν αὐξηθέν; οὔτ’ ἐκ μὴ ἐόντος ἐάσσω
φάσθαι σ’ οὐδὲ νοεῖν· οὐ γὰρ φατὸν οὐδὲ νοητόν
ἔστιν ὅπως οὐκ ἔστι. τί δ’ ἄν μιν καὶ χρέος ὦρσεν
ὕστερον ἢ πρόσθεν, τοῦ μηδενὸς ἀρξάμενον, φῦν;
οὕτως ἢ πάμπαν πελέναι χρεών ἐστιν ἢ οὐχί.
οὐδέ ποτ’ ἐκ δὴ ἐόντος ἐφήσει πίστιος ἰσχύς
γίγνεσθαί τι παρ’ αὐτό· τοῦ εἵνεκεν οὔτε γενέσθαι
οὔτ’ ὄλλυσθαι ἀνῆκε δίκη χαλάσασα πέδηισιν,
ἀλλ’ ἔχει· ἡ δὲ κρίσις περὶ τούτων ἐν τῶιδ’ ἐστιν·
ἔστιν ἢ οὐκ ἔστιν· κέκριται δ’ οὖν, ὥσπερ ἀνάγκη,
τὴν μὲν ἐᾶν ἀνόητον ἀνώνυμον· οὐ γὰρ ἀληθής
ἔστιν ὁδός· τὴν δ’ ὥστε πέλειν καὶ ἐτήτυμον εἶναι.
πῶς δ’ ἂν ἔπειτ’ ἀπόλοιτο ἐόν; πῶς δ’ ἄν κε γένοιτο;

7 οὔτ’ Simpl (Reinhardt 40): οὐδ’ Kranz VS **12** ἐκ δὴ (ἐκ τοῦ Reinhardt 42): ἐκ μὴ Simpl (Diels (1) 76, Gadamer (1) 63)

Und es war nicht einmal und wird nicht (einmal) sein, da es jetzt zugleich ganz *ist*,
eins und zusammenhängend. Denn welche Erzeugung könntest du für es erfinden?
Wohin, woher gewachsen? Weder: aus Nichtseiendem, werde ich
dich sagen oder denken lassen; denn es ist nicht sagbar noch denkbar,
daß (etwas) nicht ist. Und welches Bedürfnis hätte es auch veranlassen sollen,
später oder früher, aus dem Nichts beginnend, sich zu bilden?
Also muß es entweder ganz und gar sein oder nicht.
Noch auch wird die Gewalt der Gewißheit zulassen, daß jemals aus einem Seienden
irgend etwas über es hinaus *wird* – aus diesem Grunde hat weder zum Werden
noch zum Vergehen die Rechtmäßigkeit es in seinen Fesseln lockernd losgelassen,
sondern hält es fest. Die Entscheidung darüber beruht aber hierin:
Entweder ist es, oder es ist nicht! Aber es ist nun entschieden, wie es Notwendigkeit ist:
daß man den einen Weg liegen lasse als undenkbar, unnennbar, denn es ist nicht der wahre
Weg; daß der andre dagegen, wonach es *ist*, eben der richtige sei.
Wie aber könnte dann Seiendes vergehen? Wie könnte es werden?

17 [*besser:* ... als einsichtslos, namenlos, denn es ist kein wahrer Weg; *s. Nachwort 1986 I*]

εἰ γὰρ ἔγεντ', οὐκ ἔστ', οὐδ' εἴ ποτε μέλλει ἔσεσθαι.
τὼς γένεσις μὲν ἀπέσβεσται καὶ ἄπυστος ὄλεθρος.
　οὐδὲ διαιρετόν ἐστιν, ἐπεὶ πᾶν ἐστιν ὁμοῖον
οὐδέ τι τῇι μᾶλλον, τό κεν εἴργοι μιν συνέχεσθαι,
οὐδέ τι χειρότερον, πᾶν δ' ἔμπλεόν ἐστιν ἐόντος.
τῶι ξυνεχὲς πᾶν ἐστιν· ἐὸν γὰρ ἐόντι πελάζει.
　αὐτὰρ ἀκίνητον μεγάλων ἐν πείρασι δεσμῶν
ἔστιν ἄναρχον ἄπαυστον, ἐπεὶ γἐνεσις καὶ ὄλεθρος
τῆλε μάλ' ἐπλάγχθησαν, ἀπῶσε δὲ πίστις ἀληθής.
ταὐτόν τ' ἐν ταὐτῶι τε μένον καθ' ἑαυτό τε κεῖται
χοὔτως ἔμπεδον αὖθι μενεῖ· κρατερὴ γὰρ ἀνάγκη
πείρατος ἐν δεσμοῖσιν ἔχει, τό μιν ἀμφὶς ἐέργει,
οὕνεκεν οὐκ ἀτελεύτητον τὸ ἐὸν θέμις εἶναι·
ἔστι γὰρ οὐκ ἐπιδεές· μὴ ἐὸν δ' ἂν παντὸς ἐδεῖτο.
　ταὐτὸν δ' ἐστὶ νοεῖν καὶ οὕνεκέν ἐστι νόημα.
οὐ γὰρ ἄνευ τοῦ ἐόντος, ἐν ὧι πεφατισμένον ἐστίν,
εὑρήσεις τὸ νοεῖν· οὐδὲν γὰρ ⟨ἢ⟩ ἔστιν ἢ ἔσται

28 ἐπλάγχθησαν Simpl 39,79 (Fränkel (1)[1] 171): ἐπλάχθησαν 145 (Diels (1) 73) **29** τε μένον Simpl (Diels (1) 83): μίμνει Procl (Fränkel (1)[2] 191) **30** μενεῖ Fränkel (1)[2] 191: μένει Simpl (Kranz (2) Calogero (1) 62) **33** ἐπιδεές· μὴ ἐὸν Simpl (DEF) (Fränkel (1)[2] 192): ἐπιδευές· [μὴ tilgt Bergk] ἐὸν Simpl (cod. Ea) (Diels (1) 84)

Wenn es nämlich wurde, *ist* es nicht; auch nicht, wenn es zukünftig einmal sein wird.
So ist Werden ausgelöscht und verschollen der Untergang.

Auch geteilt ist es nicht, da es als ganzes gleichmäßig *ist*
und nicht an einer Stelle irgend etwas mehr, was es hindern würde zusammenzuhängen,
noch irgendetwas weniger, sondern im ganzen voll ist von Seiendem.
Darum *ist* es als ganzes zusammenhängend: Seiendes stößt an Seiendes.

Und unbeweglich in den Grenzen mächtiger Fesseln
ist es anfanglos, endelos, da Werden und Vergehen
in weite Ferne verschlagen sind: verstoßen hat sie die wahre Gewißheit.
Als ein Selbiges, und im Selbigen verharrend, ruht es in sich
und wird so fest auf der Stelle verharren. Denn die mächtige Notwendigkeit
hält es in den Fesseln der Grenze, die es ringsum einschließt,
weil nach Fug das Seiende nicht unvollendet ist,
denn es leidet keinen Mangel. Wäre es nicht so, würde es ihm an allem mangeln.

Das Selbige aber ist zu erkennen, und zugleich der Grund, weshalb eine Erkenntnis seiend ist.
Denn nicht ohne das Seiende, worin eine Aussage ihr Sein hat,
wirst du das Erkennen finden. Denn nichts anderes ist noch wird sein

25 [*besser:* durch das es ein zusammenhängendes Ganzes ist: denn …]

ἄλλο πάρεξ τοῦ ἐόντος, ἐπεὶ τό γε μοῖρ' ἐπέδησεν
οὖλον ἀκίνητόν τ' ἔμεναι· τῶι πάντ' ὀνόμασται,
ὅσσα βροτοὶ κατέθεντο πεποιθότες εἶναι ἀληθῆ,
γίγνεσθαί τε καὶ ὄλλυσθαι, εἶναί τε καὶ οὐχί,
καὶ τόπον ἀλλάσσειν διά τε χρόα φανὸν ἀμείβειν.
    αὐτὰρ ἐπεὶ πεῖρας πύματον, τετελεσμένον ἐστί
πάντοθεν εὐκύκλου σφαίρης ἐναλίγκιον ὄγκωι,
μεσσόθεν ἰσοπαλὲς πάντηι· τὸ γὰρ οὔτε τι μεῖζον
οὔτε τι βαιότερον πελέναι χρεόν ἐστι τῆι ἢ τῆι.
οὔτε γὰρ οὐκ ἐόν ἐστι, τό κεν παύοι μιν ἱκνεῖσθαι
εἰς ὁμόν, οὔτ' ἐόν ἐστιν ὅπως εἴη κεν ἐόντος
τῆι μᾶλλον τῆι δ' ἧσσον, ἐπεὶ πᾶν ἐστιν ἄσυλον·
οἷ γὰρ πάντοθεν ἶσον, ὁμῶς ἐν πείρασι κύρει.
    ἐν τῶι σοι παύω πιστὸν λόγον ἠδὲ νόημα
ἀμφὶς ἀληθείης· δόξας δ' ἀπὸ τοῦδε βροτείας
μάνθανε κόσμον ἐμῶν ἐπέων ἀπατηλὸν ἀκούων.

38 ὀνόμασται Simpl 86 (Cod. E), 145 (Woodbury 148, Mourelatos 180ff.): ὄνομ(α) ἔσται 86 (DF) (Diels (1) 86): οἷον ἀκίνητον τελέθει τῷ παντὶ ὄνομ' εἶναι verdorben Plato

außer dem Seienden, weil eben dies das Schicksal gebunden hat,
ganz und unbeweglich zu *sein*. Dem ist all das zugesprochen,
was die Sterblichen gesetzt haben, in der Überzeugung daß es wahr sei:
zu werden und zu vergehen, zu sein und nicht zu sein
und den Ort zu wechseln und die lichte Farbe zu verändern.

Weil aber nun eine Grenze zuäußerst ist, ist es vollkommen
von allen Seiten her, gleich der Masse eines wohlgerundeten Balles,
von der Mitte aus nach allen Seiten hin gleich sich schwingend. Denn als solches kann es weder,
hier oder dort, irgend etwas stärker noch irgend etwas geringer sein.
Denn weder ist Nichtseiendes, das es verhindern würde zur Einheit zu kommen,
noch ist Seiendes von der Art, daß es gegenüber Seiendem
da mehr, dort weniger seiend wäre, weil es ganz unverletzlich ist.
Denn mit sich selbst von allen Seiten her gleich, ist es gleichmäßig in seinen Grenzen seiend.

Hier beendige ich dir die zuverlässige Überlegung und das Denken
um die Wahrheit. Sterbliches Wähnen lerne von hier an verstehen,
wenn du das trügerische Gefüge meiner Worte hörst.

38 [*besser:* … all das zubenannt, was …, überzeugt, daß es wahr sei und werde und vergehe, sei und nicht sei und … etc.; *s. Nachwort 1986 III*]

μορφὰς γὰρ κατέθεντο δύο γνώμας ὀνομάζειν,
τῶν μίαν οὐ χρεών ἐστιν· ἐν ὧι πεπλανημένοι εἰσίν.
τἀντία δ' ἐκρίναντο δέμας καὶ σήματ' ἔθεντο
χωρὶς ἀπ' ἀλλήλων, τῆι μὲν φλογὸς αἰθέριον πῦρ,
ἤπιον ὄν, μέγ' ἐλαφρόν, ἑωυτῶι πάντοσε τωὐτόν,
τῶι δ' ἑτέρωι μὴ τωὐτόν· ἀτὰρ κἀκεῖνο κατ' αὐτό
τἀντία νύκτ' ἀδαῆ, πυκινὸν δέμας ἐμβριθές τε.
τόν σοι ἐγὼ διάκοσμον ἐοικότα πάντα φατίζω,
ὡς οὐ μή ποτέ τίς σε βροτῶν γνώμη παρελάσσηι.

7.1 *Aristoteles* Metaph. XIV 2, 1089a2 1–2 *Plato* Soph. 237a, *Simplicius* Phys. S.135 u. 143 7.2–8.2^{a} *Sextus* VII §111 u. 114, 8.1^{b}–52 *Simpl.* Phys. S.145/6 1^{b}–14 Phys. S.78 1^{b}–3 Phys. S.142 3–4 *Clemens Strom.* V §112 3^{b}–5 *Simpl.* Phys. S.30 4 *Plutarch* adv. Col. 1114c, *Proclus* Parm. S.1152, *Ps.-Plutarch* Strom. 5, *Philopon.* Phys. S.65 5 *Simpl.* Phys. S.143 6^{b}–9^{a} de caelo S.137 6^{b}–10 Phys. S.162 21 de caelo S.559 22 Phys. 86 u. 143 25 Phys. S.86 u. 87 26–28 Phys. S.39 u. 79 29 Phys. S.143 29–30^{a} *Proclus* Parm. S.1152 29–33 *Simpl.* Phys. S.30 30–33 Phys. S.40 34–36^{a} Phys. S.87 u. 143 36^{b}–38 Phys. S.86 u. 146 38 Phys. S.143, *Plato* Theaet. 180d 43 *Simpl.* Phys. S.143 43–45 *Plato* Soph. 244e 50–59 *Simpl.* Phys. S.30 50–61 Phys. S.38 53–59 Phys. 180

Fr. 10 | εἴσηι δ' αἰθερίαν τε φύσιν τά τ' ἐν αἰθέρι πάντα
σήματα καὶ καθαρᾶς εὐαγέος ἠελίοιο
λαμπάδος ἔργ' ἀίδηλα καὶ ὁππόθεν ἐξεγένοντο·
ἔργα τε κύκλωπος πεύσηι περίφοιτα σελήνης
καὶ φύσιν, εἰδήσεις δὲ καὶ οὐρανὸν ἀμφὶς ἔχοντα

53 [γνώμας: γνώμαις Simpl. var. l.] **57** μέγ' [ἀραιὸν tilgt Diels] ἐλαφρόν Simpl 30, 38; [ἤπιον ὄν?]

Zwei Erscheinungsformen nämlich haben sie entschieden zu nennen,
von denen eine allein (zu nennen) nicht angeht. Hier sind sie auf dem Irrweg.
Und sie haben ihre Gestalt nach entgegengesetzten Richtungen geschieden und ihre Erkennungszeichen
von einander getrennt gesetzt: hierhin das ätherische Feuer der Flamme,
als das milde, ganz leichte, sich selber überall gleiche,
dem anderen ungleiche; aber auch jene (andere) für sich
auf die entgegengesetzte Seite, die unbewußte Nacht, als dichte, schwere Gestalt.
Diese ganz und gar passend erscheinende Welteinrichtung verkündige ich dir,
so wird gewißlich niemals irgendeine Ansicht von Sterblichen dich überholen.

Kennen sollst du die Ätherbildung und alle die Zeichen im Äther | Fr. 10
und des reinen hell leuchtenden Sonnenstrahls
nicht anzuschauende Tätigkeit, und woraus sie entstanden sind.
Erfahren sollst du die Umlauftätigkeit des rundäugigen Mondes
und seine Bildung. Und wissen sollst du auch, woraus der rings umgebende Himmel

53 [*möglicherweise nach der Textvariante:* Zwei Formen (der Dinge) nämlich haben sie mit ihren Urteilen angesetzt zu benennen] **57** [das milde: *vermutlich korrupt, vgl. 10.2f.*] Fr. 10 **2** [*genauer:* der reinen Strahlsonnen-Fackel]

ἔνθεν ἔφυ τε καὶ ὥς μιν ἄγουσ᾽ ἐπέδησεν ἀνάγκη
πείρατ᾽ ἔχειν ἄστρων.

Clemens Strom. V § 138

Simpl. Παρμενίδης δὲ περὶ τῶν αἰσθητῶν ἄρξασθαί φησι λέγειν·

Fr. 11 | πῶς γαῖα καὶ ἥλιος ἠδὲ σελήνη
αἰθήρ τε ξυνὸς γάλα τ᾽ οὐράνιον καὶ ὄλυμπος
ἔσχατος ἠδ᾽ ἄστρων θερμὸν μένος ὡρμήθησαν
γίγνεσθαι.

καὶ τῶν γινομένων καὶ φθειρομένων μέχρι τῶν μορίων τῶν ζώιων τὴν γένεσιν παραδίδωσι.

Simplicius de caelo S. 559

Simpl. καὶ μετ᾽ ὀλίγα πάλιν·

Fr. 9 | αὐτὰρ ἐπειδὴ πάντα φάος καὶ νὺξ ὀνόμασται
καὶ τὰ κατὰ σφετέρας δυνάμεις ἐπὶ τοῖσί τε καὶ τοῖς,
πᾶν πλέον ἐστὶν ὁμοῦ φάεος καὶ νυκτὸς ἀφάντου
ἴσων ἀμφοτέρων, ἐπεὶ οὐδετέρωι μέτα μηδέν.

Simplicius Phys. S. 180

Fr. 10 **6** ἔνθεν [μὲν γὰρ tilgt Sylburg] ἔφυ Clem

sich gebildet und wie Notwendigkeit ihn führt und in Bande geschlagen hat,

daß er die Grenzen der Gestirne halte.

(*Simplicius:*) Hinsichtlich der sinnlichen Welt sagt Parmenides, er beginne damit zu erklären,

wie Erde, Sonne und Mond, | Fr. 11

der gemeinsame Äther und die himmlische Milchstraße und zuäußerst der Olympos

und die heiße Gewalt der Gestirne in Gang gesetzt wurden

zu entstehen,

und lehrt die Entstehung des dem Werden und Vergehen Unterworfenen bis hin zu den Einzelteilen der Lebewesen.

(*Simplicius:*) Und wenig später (nach Fr. 8.59) noch einmal (von den zwei Elementen):

Aber nachdem nun alles Licht und Nacht benannt ist | Fr. 9

oder mit den ihren Kräften entsprechenden Namen, jeweils für die verschiedenen Dinge,

so ist das Ganze voll von Licht zusammen und unsichtbarer Nacht,

beiden gleichstarken, da bei keinem der beiden ein Nichts ist.

Scholion zu Fr. 8.59 | Simpl. Phys. 31, 3 καὶ δὴ καὶ καταλογάδην μεταξὺ τῶν ἐπῶν ἐμφέρεταί τι ῥησείδιον ὡς αὐτοῦ Παρμενίδου ἔχον οὕτως·
ἐπὶ τῶιδέ ἐστι τὸ ἀραιὸν καὶ τὸ θερμὸν καὶ τὸ φάος καὶ τὸ μαλθακὸν καὶ τὸ κοῦφον, ἐπὶ δὲ τῶι πυκνῶι ὠνόμασται τὸ ψυχρὸν καὶ τὸ ζόφος καὶ σκληρὸν καὶ βαρύ· ταῦτα γὰρ ἀπεκρίθη ἑκατέρωσ' ἑκάτερα.*

Test. 37 | *Aëtius* II 7, 1 Παρμενίδης στεφάνας εἶναι περιπεπλεγμένας, ἐπαλλήλους, τὴν μὲν ἐκ τοῦ ἀραιοῦ, τὴν δὲ ἐκ τοῦ πυκνοῦ· μικτὰς δὲ ἄλλας ἐκ φωτὸς καὶ σκότους μεταξὺ τούτων. καὶ τὸ περιέχον δὲ πάσας τείχους δίκην στερεὸν ὑπάρχειν, ὑφ' ὧι πυρώδης στεφάνη, καὶ τὸ μεσαίτατον πασῶν στερεόν, περὶ ὃ πάλιν πυρώδης. τῶν δὲ συμμιγῶν τὴν μεσαιτάτην ἁπάσαις ⟨ἀρχήν⟩ τε καὶ ⟨αἰτίαν⟩ κινήσεως καὶ γενέσεως ὑπάρχειν, ἥντινα καὶ δαίμονα κυβερνῆτιν καὶ κληροῦχον** ἐπονομάζει Δίκην τε καὶ Ἀνάγκην. καὶ τῆς μὲν γῆς ἀπόκρισιν εἶναι τὸν ἀέρα διὰ τὴν βιαιοτέραν αὐτῆς ἐξατμισθέντα πίλησιν, τοῦ δὲ πυρὸς ἀναπνοὴν τὸν ἥλιον καὶ τὸν γαλαξίαν κύκλον. συμμιγῆ δ' ἐξ ἀμφοῖν εἶναι τὴν σελήνην, τοῦ τ' ἀέρος καὶ τοῦ πυρός. περιστάντος δ' ἀνωτάτω πάντων τοῦ αἰθέρος ὑπ' αὐτῶι τὸ πυρῶδες ὑποταγῆναι τοῦθ' ὅπερ κεκλήκαμεν οὐρανόν, ὑφ' ὧι ἤδη τὰ περίγεια.

Cicero de nat. deor. I 11, 28 *nam Parmenides quidem commenticium quiddam coronae simile efficit – stephanen appellat – continentem ardorem*** lucis orbem qui cingit caelum.*

* ἑκατέρωσ' Fränkel (1)² 184: ἑκατέρως Simpl

** (Aët.) κληροῦχον: κληιδοῦχον Diels-Kranz

*** (Cic.) ardorem codd.: ardorum cod. B vor d. Korr.: ardorum ⟨et erg. Plasberg⟩ Diels-Kranz

(*Simplicius:*) Auch findet sich (in der Parmenides-Handschrift des Simplicius nach Fr. 8.59) zwischen den Versen eingeschoben eine Bemerkung in Prosa, gleichsam wie von Parmenides selber, die folgendermaßen lautet: | Scholion zu Fr. 8.59

Auf seiten des ersteren (des Feuers) ist das Dünne, das Heiße, das *Licht*, das *Weiche* und das Leichte; während das Dichte als Kälte und *Dunkel*, als hart und schwer benannt worden ist. Denn diese Qualitäten haben sich je nach den beiden Richtungen geschieden.

(*Aëtius:*) Parmenides lehrt, es seien Ringe einer um den anderen herumgelegt, einer aus dem Dünnen, einer aus dem Dichten, und andre, aus Licht und Dunkel gemischte, zwischen diesen. Das alle Umschließende aber sei fest wie eine Mauer, und darunter liege ein Feuerring; fest sei auch die innerste Mitte von allen, um welche herum gleichfalls ein Feuerring liege. Und von den gemischten sei der mittelste für alle übrigen Anfang und Ursache der Bewegung und des Werdens: welche er auch Göttin Lenkerin und Herrin der Lose nennt, auch Dike und Ananke (Recht und Notwendigkeit). – Eine Abscheidung der Erde sei die Luft, die durch deren kräftigere Pressung herausgeblasen wurde; dagegen eine Aufdünstung des Feuers seien die Sonne und die Milchstraße. Gemischt aus beiden, Feuer und Luft, sei der Mond. Zu alleroberst liege im Kreise herum der Äther, und unter ihm angeordnet das Feurige, das wir Himmel nennen; darunter schließlich der irdische Bereich. | Test. 37

(*Cicero:*) Parmenides denkt sich etwas aus, das wie ein Kranz ist – „stephane" nennt er es –: einen Kreis von Lichtglut, der den Himmel umgibt …

Simplicius μετ' ὀλίγα δὲ πάλιν περὶ τῶν δυεῖν στοιχείων εἰπὼν ἐπάγει καὶ τὸ ποιητικὸν λέγων οὕτως·

Fr. 12 | αἱ γὰρ στεινότεραι πλῆντο πυρὸς ἀκρήτοιο,
αἱ δ' ἐπὶ ταῖς νυκτός, μετὰ δὲ φλογὸς ἵεται αἶσα·
ἐν δὲ μέσωι τούτων δαίμων ἣ πάντα κυβερνᾶι·
πάντηι γὰρ στυγεροῖο τόκου καὶ μίξιος ἄρχει
πέμπουσ' ἄρσενι θῆλυ μιγῆν τό τ' ἐναντίον αὖτις
ἄρρεν θηλυτέρωι.

1–3 *Simpl.* Phys. 39, 2–6 Phys. S. 31

Simplicius ταύτην καὶ θεῶν αἰτίαν εἶναί φησι λέγων

Fr. 13 | πρώτιστον μὲν Ἔρωτα θεῶν μητίσατο πάντων

καὶ τὰς ψυχὰς πέμπειν ποτὲ μὲν ἐκ τοῦ ἐμφανοῦς εἰς τὸ ἀειδές, ποτὲ δὲ ἀνάπαλίν φησιν.

Simpl. Phys. 39

Test. 37 | *Cicero* de nat. deor. I 11, 28 *multaque eiusdem monstra, quippe qui Bellum, qui Discordiam, qui Cupiditatem ceteraque generis eiusdem* ad deum revocat, quae vel morbo vel somno vel oblivione vel vetustate delentur.*

Fr. 12 **1** πλῆντο Bergk (Diels (1) 106): πάηντο (πύηντο) Simpl: πλῆνται nach Bergk Fränkel (1)[2] 183[2] **4** πάντῃ γὰρ Fränkel (1)[2] 185[4]: πάντα γὰρ ⟨ἣ erg. Diels (1) 108⟩ Simpl

* (Cic.) eiusdem ⟨modi erg. Heindorf⟩ Diels-Kranz

(*Simplicius:*) Wenig später (nach dem Schluß von Fr. 8), nachdem er noch einmal über die zwei Elemente gesprochen hat (s. Fr. 9), fährt er fort und nennt auch die bewegende Ursache:

Denn die engeren (Ringe) füllten sich mit ungemischtem Feuer, | Fr. 12

die folgenden mit Nacht, doch hinein schießt ein Teil Flamme.

Inmitten von diesen aber ist die Göttin die alles lenkt:

Denn allenthalben führt sie die abscheuliche Geburt und Mischung herbei,

indem sie zum Männlichen das Weibliche schickt, daß es sich mische,

und umgekehrt zum Weiblichen das Männliche.

~

(*Simplicius:*) Diese Gottheit bezeichnet Parmenides auch als Ursprung der Götter, wenn er sagt

Als ersten von allen Göttern ersann sie Eros … | Fr. 13

Sie auch, sagt er, sende die Seelen einmal aus dem Sichtbaren ins Unsichtbare, dann wieder den umgekehrten Weg.

~

(*Cicero:*) Noch viele Ungeheuer gibt es bei diesem Mann: wenn er nämlich *Krieg, Zwietracht, Begierde* und andres von gleicher Art, was durch *Krankheit, Schlaf, Vergessen* oder *Alter* vernichtet wird, auf eine Gottheit zurückführt. | Test. 37

~

Fr. 12 **3** [*besser:* die Daimonin (*wie der ‚Daimon' auf Leben und Schicksal bezogen*)]

Test. zu Fr. 10 | *Plutarch* adv. Col. 1114b ὅς γε καὶ διάκοσμον πεποίηται καὶ στοιχεῖα μιγνὺς τὸ λαμπρὸν καὶ σκοτεινὸν ἐκ τούτων τὰ φαινόμενα πάντα καὶ διὰ τούτων ἀποτελεῖ· καὶ γὰρ περὶ γῆς εἴρηκε πολλὰ καὶ περὶ οὐρανοῦ καὶ ἡλίου καὶ σελήνης καὶ γένεσιν ἀνθρώπων ἀφήγηται· καὶ οὐδὲν ἄρρητον ὡς ἀνὴρ ἀρχαῖος ἐν φυσιολογίαι καὶ συνθεὶς γραφὴν ἰδίαν, οὐκ ἀλλοτρίας διαφθοράν, τῶν κυρίων παρῆκεν.

Test. 40a | *Aëtius* II 15,4 Παρμενίδης πρῶτον μὲν τάττει τὸν Ἑῶιον, τὸν αὐτὸν δὲ νομιζόμενον ὑπ' αὐτοῦ καὶ Ἕσπερον, ἐν τῶι αἰθέρι· μεθ' ὃν τὸν ἥλιον, ὑφ' ὧι τοὺς ἐν τῶι πυρώδει ἀστέρας, ὅπερ οὐρανὸν καλεῖ.

Test. 40b | *Aëtius* III 1,4 Παρμενίδης τὸ τοῦ πυκνοῦ καὶ τοῦ ἀραιοῦ μῖγμα γαλακτοειδὲς ἀποτελέσαι χρῶμα.

Test. 43a | *Aëtius* II 20, 8a Παρμενίδης τὸν ἥλιον καὶ τὴν σελήνην ἐκ τοῦ γαλαξίου κύκλου ἀποκριθῆναι, τὸν μὲν ἀπὸ τοῦ ἀραιοτέρου μίγματος ὃ δὴ θερμόν, τὴν δὲ ἀπὸ τοῦ πυκνοτέρου ὅπερ ψυχρόν.

Fr. 14 | νυκτιφαὲς περὶ γαῖαν ἀλώμενον ἀλλότριον φῶς

Plutarch adv. Colot. 15, 1116a

Test. zu Fr. 10 **7** [ἀλλοτρίαν διαφορῶν Apelt]

(*Plutarch:*) Parmenides hat ja sogar die Weltbildung beschrieben, hat als Elemente das Helle und Dunkle sich mischen und aus ihnen und durch sie alle Erscheinungen hervorgehen lassen. Denn er hat über Erde und Himmel, über Sonne und Mond ausführlich gesprochen, hat die Entstehung der Menschen dargestellt und, soweit es einem Mann der Frühzeit in der Naturwissenschaft, der eine eigene Schrift verfaßte, statt eine fremde auszuplündern, möglich war, keine Hauptfrage unerörtert gelassen. | Test. zu Fr. 10

~

(*Aëtius:*) Parmenides ordnet zuoberst, im Äther, den Morgenstern an, den er für denselben wie den Abendstern ansieht; nach diesem die Sonne, und unter ihr die Sterne in dem Feurigen, welches er *Himmel* nennt. | Test. 40a

~

(*Aëtius:*) Parmenides lehrt (von der Milchstraße), daß das Gemisch aus dem Dichten und Dünnen die milchige Farbe ergebe. | Test. 40b

~

(*Aëtius:*) Parmenides lehrt, daß die Sonne und der Mond aus dem Kreis der Milchstraße sich abgeschieden haben, die Sonne aus der dünneren Mischung, als dem Heißen, der Mond aus der dichteren, als dem Kalten. | Test. 43a

~

(Des Mondes) nächtig-leuchtendes, Erde umirrendes | Fr. 14
fremdes Licht.

~

Test. zu Fr. 10: [(Plutarch) *vorhergeht:* Wie sollte der, der das Wahrnehmbare und Vermutbare nicht negierte, Wahrnehmung und Vermutung negiert haben? Unmöglich. – *Gegen Ende, statt* auszuplündern *lies* zu zerfetzen.]

Fr. 15 | αἰεὶ παπταίνουσα πρὸς αὐγὰς ἠελίοιο

Plutarch de fac. lun. 16, 929a

Test. 22 | *Ps.-Plutarch* Strom. 5 λέγει δὲ τὴν γῆν τοῦ πυκνοῦ καταρρυέντος [ἀέρος] γεγονέναι.

Fr. 15a | *Schol. Basilius* Hex. 21b Παρμενίδης ἐν τῆι στιχοποιίαι ὑδατόριζον εἶπεν τὴν γῆν.

Test. 44 | *Diogenes Laert.* VIII § 48 ἀλλὰ μὴν καὶ ... πρῶτον ὀνομάσαι ... τὴν γῆν στρογγύλην, ὡς δὲ Θεόφραστος Παρμενίδην.

Test. 44 | *Aëtius* III 15,7 Παρμενίδης, Δημόκριτος διὰ τὸ πανταχόθεν ἴσον ἀφεστῶσαν μένειν ἐπὶ τῆς ἰσορροπίας οὐκ ἔχουσαν αἰτίαν δι' ἣν δεῦρο μᾶλλον· ἢ ἐκεῖσε ῥέψειεν ἄν· διὰ τοῦτο μόνον μὲν κραδαίνεσθαι, μὴ κινεῖσθαι δέ.

Test. 51 | *Censorinus* 4, 7, 8 *Empedocles ... tale quiddam confirmat: primo membra singula ex terra quasi praegnate passim edita, deinde coisse et effecisse solidi hominis materiam igni simul et umori permixtam ... haec eadem opinio etiam in Parmenide Veliensi fuit pauculis exceptis ab Empedocle dissensis.*

Test. 53 | *Aëtius* V 7, 2 Παρμενίδης ἀντιστρόφως· τὰ μὲν πρὸς ταῖς ἄρκτοις ἄρρενα βλαστῆσαι (τοῦ γὰρ πυκνοῦ μετέχειν πλείονος), τὰ δὲ πρὸς ταῖς μεσημβρίαις θήλεα παρὰ τὴν ἀραιότητα.

(Der Mond) immer hinschauend nach den Strahlen der Sonne. | Fr. 15

~

(Unter *Plutarchs* Namen:) Parmenides sagt, die Erde sei durch Herabsinken des Festen entstanden. | Test. 22

~

(*Scholion zu Basileios:*) Parmenides hat, in seiner Versdichtung, von der Erde den Ausdruck „mit Wasserwurzeln" gebraucht. | Fr. 15a

~

(*Diogenes Laertius:*) Pythagoras soll auch der erste gewesen sein, der die Erde rund genannt habe; nach Theophrast jedoch Parmenides. | Test. 44

(*Aëtius:*) Parmenides und Demokrit lehren, daß die Erde durch ihren gleichen Abstand nach allen Seiten in Ruhe verharre, indem es wegen dieses Gleichgewichts keine Ursache gebe, weshalb sie hierhin oder dorthin fallen sollte. Aus diesem Grund bebe sie nur, aber bewege sich nicht von der Stelle. | Test. 44

~

(*Censorinus:*) Empedokles behauptet etwa folgendes: Zuerst habe die – sozusagen schwangere – Erde allenthalben einzelne Glieder hervorgebracht, die sich dann verbunden und den mit Feuer und Wasser gemischten Körper eines vollständigen Menschen gebildet haben. Dieselbe Vorstellung hat auch Parmenides gehabt, mit wenigen Ausnahmen, wo seine Meinungen von Empedokles abweichen. | Test. 51

~

(*Aëtius:*) Parmenides ist der umgekehrten Meinung (als Empedokles): im Norden seien die männlichen Tiere entstanden, weil sie mehr Festes enthalten, dagegen im Süden, wegen der Lockerheit ihres Stoffes, die weiblichen. | Test. 53

~

Test. 52 | *Aristoteles* de part. anim. B 2. 648 a 25 ἔνιοι γὰρ τὰ ἔνυδρα τῶν πεζῶν θερμότερά φασιν εἶναι, λέγοντες ὡς ἐπανισοῖ τὴν ψυχρότητα τοῦ τόπου ἡ τῆς φύσεως αὐτῶν θερμότης, καὶ τὰ ἄναιμα τῶν ἐναίμων καὶ τὰ θήλεα τῶν ἀρρένων, οἷον Παρμενίδης τὰς γυναῖκας τῶν ἀνδρῶν θερμοτέρας εἶναί φησι καὶ ἕτεροί τινες, ὡς διὰ τὴν θερμότητα καὶ πολυαιμούσαις γινομένων τῶν γυναικείων, Ἐμπεδοκλῆς δὲ τοὐναντίον.

Test. 53 | *Censorinus* 5, 2 *igitur semen unde exeat inter sapientiae professores non constat. Parmenides enim tum ex dextris tum e laevis partibus oriri putavit.*

Test. 53 | *Aëtius* V 7, 4 Ἀναξαγόρας, Παρμενίδης τὰ μὲν ἐκ τῶν δεξιῶν [sc. σπέρματα] καταβάλλεσθαι εἰς τὰ δεξιὰ μέρη τῆς μήτρας, τὰ δ' ἐκ τῶν ἀριστερῶν εἰς τὰ ἀριστερά. εἰ δ' ἐναλλαγείη τὰ τῆς καταβολῆς, γίνεσθαι ⟨ἄρρενο⟩θήλεα.

Galenus τὸ μέντοι ἄρρεν ἐν τῶι δεξιῶι μέρει τῆς μήτρας κυΐσκεσθαι καὶ ἄλλοι τῶν παλαιοτάτων ἀνδρῶν εἰρήκασιν. ὁ μὲν γὰρ Παρμενίδης οὕτως ἔφη·

Fr. 17 | δεξιτεροῖσιν μὲν κούρους, λαιοῖσι δὲ κούρας

Galenus Epidem. VI 48

Fr. 18 | *femina virque simul Veneris cum germina miscent,*
venis informans diverso ex sanguine virtus
temperiem servans bene condita corpora fingit.

Test. 53 ⟨ἄρρενο⟩θήλεα Diels Doxographi Graeci 194

(*Aristoteles:*) Manche meinen nämlich, daß die Wassertiere wärmer als die Landtiere seien, indem sie behaupten, die Kälte ihres Lebensbereichs werde ausgeglichen durch die Wärme ihrer körperlichen Beschaffenheit; ebenso die blutlosen Tiere wärmer als die Bluttiere, und die Weibchen wärmer als die Männchen. So sagt zum Beispiel Parmenides, daß die Frauen wärmer seien als die Männer, und andre ebenso – weil nämlich durch den infolge der Hitze entstehenden Blutdruck bei ihnen die Menstruation eintrete – während Empedokles die umgekehrte Ansicht vertritt. | Test. 52

~

(*Censorinus:*) Woher der Same kommt, darüber gibt es bei den Gelehrten keine einhellige Meinung. Parmenides meinte, daß er einmal auf der rechten, einmal auf der linken Seite entstünde. | Test. 53

(*Aëtius:*) Nach Anaxagoras und Parmenides tritt ein Same, der von rechts kommt, in den rechten Teil der Gebärmutter, einer von links in den linken. Wenn aber bei der Befruchtung eine Vertauschung stattfinde, dann entstünden Mannweiber. | Test. 53

~

(*Galenus:*) Daß das Männliche im rechten Teil der Gebärmutter empfangen werde, haben auch andre Männer der ältesten Zeit gesagt. So schrieb Parmenides:

… auf der rechten Seite Knaben, auf der linken Mädchen. | Fr. 17

~

Wenn ein Mann und ein Weib miteinander ihre Liebeskeime mischen, | Fr. 18
dann bildet die formende Kraft in den Adern, sofern sie aus dem verschiedenen Blut
das richtige Maßverhältnis bewahrt, wohlgebaute Körper.

nam si virtues permixto semine pugnent
nec faciant unam permixto in corpore, dirae
nascentem gemino vexabunt semine sexum.

Caelius Aurelianus Morb. chron. IV 9

Test. 45 | *Macrobius* Somn. Scip. I 14,20 *Parmenides ex terra et igne (sc. animam esse).*
Aëtius IV 3,4 Παρμενίδης δὲ καὶ Ἵππασος καὶ Ἡράκλειτος πυρώδη.

Test. 46b | *Tertullian* de anima 45 *somnum … Empedocles et Parmenides refrigerationem.*

Test. 46a | *Aëtius* V 30,4 Παρμενίδης γῆρας γίνεσθαι παρὰ τὴν τοῦ θερμοῦ ὑπόλειψιν.

Test. 46 | *Theophrast* de sensu 1 ff. περὶ δ' αἰσθήσεως αἱ μὲν πολλαὶ καὶ καθόλου δόξαι δύ' εἰσιν· οἱ μὲν γὰρ τῶι ὁμοίωι ποιοῦσιν, οἱ δὲ τῶι ἐναντίωι. Παρμενίδης μὲν καὶ Ἐμπεδοκλῆς καὶ Πλάτων τῶι ὁμοὶωι, οἱ δὲ περὶ Ἀναξαγόραν καὶ Ἡράκλειτον τῶι ἐναντίωι … (3) Παρμενίδης μὲν γὰρ ὅλως οὐδὲν ἀφώρικεν ἀλλὰ μόνον, ὅτι δυοῖν ὄντιον στοιχείοιν κατὰ τὸ ὑπερβάλλον ἐστὶν ἡ γνῶσις. ἐὰν γὰρ ὑπεραίρηι τὸ θερμὸν ἢ τὸ ψυχρόν, ἄλλην γίνεσθαι τὴν διάνοιαν, βελτίω δὲ καὶ καθαρωτέραν τὴν διὰ τὸ θερμόν· οὐ μὴν ἀλλὰ καὶ ταύτην δεῖσθαί τινος συμμετρίας·

Wenn freilich die Kräfte in dem vermischten Samen streiten
und in dem gemischten Körper keine Einheit bilden,
werden sie unheilvoll das Geschlecht des Neugeborenen
durch den zwiefachen Samen entstellen.

(*Macrobius:*) Nach Parmenides besteht die Seele aus Erde und Feuer. | Test. 45

(*Aëtius:*) Nach Parmenides, Hippasos und Heraklit ist die Seele feuriger Natur.

(*Tertullian:*) Der Schlaf ist nach Empedokles und Parmenides eine Abkühlung. | Test. 46b

(*Aëtius:*) Nach Parmenides tritt das Alter durch Mangel an Wärme ein. | Test. 46a

(*Theophrast:*) Über die Wahrnehmung gibt es im großen und ganzen zwei Anschauungen. Die einen nehmen an, daß sie durch das Gleiche zustande komme, die andern durch das Entgegengesetzte – Parmenides, Empedokles und Platon durch das Gleiche, die Anhänger des Anaxagoras und Heraklits durch das Entgegengesetzte ... Über die einzelnen Sinneswahrnehmungen ... hat Parmenides überhaupt nichts Bestimmtes geäußert, sondern lediglich, daß es zwei Elemente gibt und entsprechend dem überwiegenden die Erkenntnis sei. Wenn nämlich das Heiße oder das Kalte überwiege, dann verändere sich das Denken. Besser aber und reiner sei dasjenige vermittels des Heißen; allerdings bedürfe auch dieses eines gewissen Maßverhältnisses. Er sagt: | Test. 46

Fr. 16 ὡς γὰρ ἑκάστοτ' ἔχει κρᾶσιν μελέων πολυπλάγκτων,
τὼς νόος ἀνθρώποισι παρέστηκεν· τὸ γὰρ αὐτό
ἔστιν ὅπερ φρονέει μελέων φύσις ἀνθρώποισιν
καὶ πᾶσιν καὶ παντί· τὸ γὰρ πλέον ἐστὶ νόημα.

Aristot. Metaph. Γ 5. 1009 b 21 *Theophr.* de sensu 3

τὸ γὰρ αἰσθάνεσθαι καὶ τὸ φρονεῖν ὡς ταὐτὸ λέγει· διὸ καὶ τὴν μνήμην καὶ τὴν λήθην ἀπὸ τούτων γίνεσθαι διὰ τῆς κράσεως· ἂν δ' ἰσάζωσι τῆι μίξει, πότερον ἔσται φρονεῖν ἢ οὔ, καὶ τίς ἡ διάθεσις, οὐδὲν ἔτι διώρικεν. ὅτι δὲ καὶ τῶι ἐναντίωι καθ' αὑτὸ ποιεῖ τὴν αἴσθησιν, φανερὸν ἐν οἷς φησι τὸν νεκρὸν φωτὸς μὲν καὶ θερμοῦ καὶ φωνῆς οὐκ αἰσθάνεσθαι διὰ τὴν ἔκλειψιν τοῦ πυρός, ψυχροῦ δὲ καὶ σιωπῆς καὶ τῶν ἐναντίων αἰσθάνεσθαι. καὶ ὅλως δὲ πᾶν τὸ ὂν ἔχειν τινὰ γνῶσιν.

Test. 48 | *Aëtius* IV 13, 9. 10 Ἵππαρχος ἀκτῖνάς φησιν ἀφ' ἑκατέρου τῶν ὀφθαλμῶν ἀποτεινομένας τοῖς πέρασιν αὐτῶν οἱονεὶ χειρῶν ἐπαφαῖς περικαθαπτούσας τοῖς ἐκτὸς σώμασι τὴν ἀντίληψιν αὐτῶν πρὸς τὸ ὁρατικὸν ἀναδιδόναι. ἔνιοι καὶ Πυθαγόραν τῆι δόξηι ταύτηι συνεπιγράφουσιν ἅτε δὴ βεβαιωτὴν τῶν μαθημάτων καὶ πρὸς τούτωι Παρμενίδην ἐμφαίνοντα τοῦτο διὰ τῶν ποιημάτων.

Fr. 16 **1** ἑκάστοτ' Arist (Cod. E[1]J) ἑκάστοτε (φησίν) Theophr (Calogero (1) 45[1], Müller 18[16]): ἕκαστος Arist (E[2]) (Loenen 54, Bollack 66[34]) κρᾶσιν Arist Theophr (Loenen 54, Müller 18[16]): κρᾶσις Calogero 45[1] **2** παρέστηκεν Theophr (Fränkel (1)[2] 175, Snell 157): παρίσταται Arist (Verdenius (1) 9, Bollack 66[34])

Denn so wie jeweils die Mischung in den immer schwankenden Körperteilen ist, | Fr. 16

so widerfährt den Menschen die Erkenntnis. Denn die Beschaffenheit der Körperteile

ist dasselbe, was sie denkt,

bei allen Mensehen und bei jedem. Das Mehrere nämlich ist die Erkenntnis.

„Denken" heißt nämlich für ihn soviel wie „Wahrnehmen". Von diesen (Heiß und Kalt) kommt aber auch Gedächtnis und Vergessen zustande, durch ihre Mischung. Wenn aber die Mischung gleich ist: ob dann Denken stattfinde oder nicht, oder wie dann der Zustand sei, hat er nicht weiter erklärt. Daß er aber auch durch das Gegenteil für sich allein Wahrnehmung geschehen läßt, wird deutlich aus den Versen in denen er sagt, daß der Tote, wegen des Verlusts des Feuers, Licht, Wärme und Stimme nicht wahrnehme, wohl aber ihre Gegensätze: Kälte, Schweigen usw. Überhaupt hat nach ihm jegliches Seiende irgendeine Art von Erkenntnis.

(*Aëtius:*) Hipparchos (?) sagt, daß Strahlen, die von beiden Augen ausgehen, mit ihren Enden die äußeren Körper gleichsam wie mit berührenden Händen anfassen und diese Wahrnehmung an das Sehorgan weitergeben. Manche führen auch Pythagoras für diese Auffassung an, offenbar als Autorität der Lehre, und außer ihm auch Parmenides, der dies in der dichterischen Form zu verstehen gibt. | Test. 48

Fr. 16 **2** [*deutlicher:* Denn eben *das* ist es, was die jeweilige Beschaffenheit der Körperteile denkt, bei … jedem: das (jeweils) Mehrere ist …]

Simplicius παραδοὺς δὲ τὴν τῶν αἰσθητῶν διακόσμησιν ἐπήγαγε πάλιν·

Fr. 19 | οὕτω τοι κατὰ δόξαν ἔφυ τάδε καί νυν ἔασι
καὶ μετέπειτ' ἀπὸ τοῦδε τελευτήσουσι τραφέντα·
τοῖς δ' ὄνομ' ἄνθρωποι κατέθεντ' ἐπίσημον ἑκάστωι.

Simplicius de caelo S. 558

Fr. 4 | λεῦσσε δ' ὁμῶς ἀπεόντα νόωι παρεόντα βεβαίως·
οὐ γὰρ ἀποτμήξει τὸ ἐὸν τοῦ ἐόντος ἔχεσθαι
οὔτε σκιδνάμενον πάντηι πάντως κατὰ κόσμον
οὔτε συνιστάμενον.

1–4 *Clemens* Strom. V 15 1 *Theodoret*. Graec. aff. I § 72 2 *Damascius* I S. 67

Fr. 4 **1** ὁμῶς Theod (Cod. BL.) (Hölscher (1) 122): ὅμως Theod (MSCV) Clem (Schottlaender) **2** ἀποτμήξει Clem Theod. (-ήσει Damasc) (Reinhardt 49[2]): ἀποτμήξῃ Diels (1) 64 (Bollack 58)

(*Simplicius:*) Und nachdem er die Fntstehung und Einrichtung der sinnlichen Welt dargestellt hat, fügt er noch einmal hinzu:

So also sind nach dem Dünken (der Sterblichen) diese Dinge geworden und sind jetzt | Fr. 19

und werden so auch von jetzt an in Zukunft enden wie sie wachsen.

Und denen haben die Menschen je einen Namen gegeben, bezeichnend für jedes Ding.

Sondern schau mit dem Geist die entfernten Dinge gleichermaßen als fest gegenwärtige. | Fr. 4

Denn er wird nicht das Seiende vom Zusammenhang mit dem Seienden abschneiden,

weder wenn es sich überallhin und gänzlich im Weltgefüge ausbreitet

noch wenn es sich zusammenballt.

Fr. 4 **2** [*richtiger:* ein Seiendes vom Zusammenhang mit Seiendem; *zum Artikel siehe S. 72, Anm. 37*]

ANMERKUNGEN ZUR ÜBERSETZUNG

von Uvo Hölscher †

Die Alternativ-Übersetzungen sind in einigen Fällen nicht wörtlich, sondern sinngemäß zitiert. Die Literaturhinweise weisen nicht immer den Autor der betreffenden Interpretation, sondern, wo es möglich war, eine sie erläuternde Begründung nach. Ausführlichere Diskussion bei Zeller-Nestle, Zeller-Mondolfo, Mansfeld und Tarán.

Zum Titel s. Nachwort S. 53 und 114.

Fragment 1 S. 4/5

---

1 *so weit …* Fränkel (1)[2] 158, Verdenius (1) 11 A. 2 || zum Hauptsatz: *zogen mich, soweit …* Diels (1) 46, VS.

2 *kunde-reichen* Fränkel (1)[2] 159[4], Verdenius (1) 12 || *vielberühmten* VS, *berühmt machenden* Mansfeld (1) 229.

3 *Weg der Göttin* d. i. der Muse, Fränkel (1)[2] 159, Tarán 11 || *des (Sonnen-)Gottes* Guthrie II 7, (δαίμονες) *als mich die Göttinnen …* v. Wilamowitz (1) 204, Kranz VS.

den Weg, der … Tarán 12 || *der Göttin, die …* Mansfeld (1) 228.

durch alle Städte Fränkel (1)[2] 160 || *über alle Städte hin* (d. h. am Himmel) Kranz (1) 1159, Deichgräber 652, (ἀσινῆ) *unversehrt* Jaeger 115.

7 *vor Hitze* (glühend) VS || *leuchtend* (vom Sonnenwagen) Guthrie II 8.

gedrehten d. h. gedrechselten || *wirbelnden* VS.

8 *wenn …:* eventual, nicht iterativ, vgl. Od. 13.22, 9.333, 384 || *so oft* Fränkel (1)[2] 159.

13 *aus Äther(licht)* || *hoch in der Luft* Burnet 158, Deichgräber 661, vgl. Gigon (2) 246.

14 *einlassenden* Hölscher 185 || *vergeltenden* Fränkel (1)[2] 168, *sich hin und herdrehenden* Jaeger 112.

26 *Heil dir* Latacz, Wortfeld ‚Freude' 50 || *freue dich.*

27 *Verkehr* Kullmann, Hermes 86, 159 || *Pfad* VS.

28 *du darfst* d.h. „du hast ein Recht darauf".

29 *der runden* VS, Tarán 16 || *der überzeugenden* Deichgräber 650, 664.

30 *das Dünken* d.h. ihre Meinungen, Vorstellungen von den Dingen; ebenso V. 31 *das ihnen Dünkende* d.h. wie die Dinge nach dem Urteil der Menschen sind, *Schein, Vorstellung* Reinhardt 9 || *Lehrmeinungen* Wilamowitz (1) 204, *Annahmen* bzw. *das Angenommene* Fränkel (3) 404, 410, *Anschauungen* bzw. *angenommenen Substanzen* Deichgräber 664f., *Meinungen* bzw. *das was sich meinen läßt* Mansfeld (1) 217, 161.

31 *verstehen lernen* s. Nachwort S. 68 || *kennen lernen, erfahren.* *wie:* Modalkonjunktion || prädikativ v. Wilamowitz (1) 204, Kranz (1) 1170, VS.

32 *gültig sein (zu Geltung gelangen* Reinhardt 9) || *in probehaltiger Weise* v. Wilamowitz (1) 204, *auf probehafte (!) wahrscheinliche Weise* Kranz (1) 1170, VS, Calogero (1) 31, *in an acceptable way* Verdenius (1) 49f., *in annehmbarer Weise* Fränkel (3) 410 A. 24, Mansfeld 158, Tarán 212 A. 27, *auf gültige Weise sein* Schwabl (1) 59, *to have genuine existence* Owen 88, *assuredly to exist* Owen 86f. Guthrie II 9, *gain the semblance of being* Kirk-Raven 267. – Das griechische Wort hat die Bedeutung „gültig, gebilligt, anerkannt, geschätzt, bewährt, berühmt" und wird z.B. von Münzen oder Personen gesagt; also allenfalls „probehaltig" aber nicht „probehaft", „angenommen", aber nicht „annehmbar". – Die Konjektur δοκιμῶσαι („auf die Probe stellen" Diels (1) 58, „annehmen" Diels VS[1]) vertritt noch Untersteiner 127.

mußte (real) Reinhardt 9, Riezler 29, Verdenius (1) 50, Schwabl (1) 59, Fränkel (3) 410, Kirk-Raven, Owen 88, Guthrie II 9, Mansfeld (1) 217, Tarán 213 || *müßte* (potential, d.h. „sollte“ oder „dürfte“) Diels (1) 31, 59; *müßte* (irreal, d.h. wenn der Schein wahr wäre) Wilamowitz (1) 204, Kranz VS, Calogero (1) 31, Deichgräber 665.

durchdringt || (πάντα περ ὄντα) *being indeed the whole of things* Owen 88f.; περῶντα εἶναι periphrastisch für περᾶν Mansfeld (1) 159.

Fragment 2 S. 8/9

---

3 *daß (etwas) ist* d. h. von etwas sagen, daß es ist, Owen 95, vgl. Calogero (1) 18 und Nachwort S. 70f. || *daß (das Seiende) ist* Diels (1) Reinhardt 35, *daß (das Seiend sein) ist* Riezler 51 Deichgräber 672, *Ist ist* Kranz VS, *reality (= all that exists) is* Verdenius (1) 32, *Truth is* Verdenius (2) Mnemosyne IV 15, 237, *Ist* (subjektlos) Fränkel (3) 403, Tarán 36.

unmöglich ist Calogero (1) 18 || *Nicht-sein nicht ist* Fränkel (3) 403, Kranz VS.

5 *daß (etwas) nicht ist* Calogero (1) 18 || *daß es (das Seiende, resp. Sein etc.) nicht ist* s. o., *daß das Nichtseiende (!) nicht ist* Mansfeld (1) 45, 55, 61.

6 *keine Kunde* ... d.h. auf dem man nichts erfährt, vgl. Odyssee 3.184, Nachwort S. 74 || *unerkundbar* vulgo (vgl. dazu Calogero (1) 17[1]).

7 *was nicht ist* d. h. wenn etwas nicht ist, Calogero (1) 18 || *das Nichtseiende* VS. (Der Artikel dient hier nicht der Substantivierung, sondern der Verallgemeinerung.)

8 *aufzeigen* Mourelatos 20 A 28 || *aussprechen*.

Fragment 3 S. 8/9

Zur Akzentuierung von ἐστιν siehe S. 44 zu Fr. 8.22.

dasselbe kann ... Tarán 41 ff. Hölscher (1) 55 || *dasselbe ist Denken und Sein* Vlastos 68, *(das Seiende) denken und sein ist dasselbe* Diels (1) 33, *es ist dasselbe, zu denken, und (zu sagen) daß das Gedachte ist* Calogero (1) 19, *Erkenntnis und Sein (sc. des Gegenstandes der Erkenntnis) sind dasselbe* v. Fritz (1) 99, *es ist dasselbe, (etwas) zu denken, und deshalb, daß es ist* Mansfeld (1) 68.

Fragment 6 S. 8–11

---

1 *das zu sagen* ... *daß* Diels VS[4], Calogero (1) 20 A. 1, dagg. irrig Fränkel (1)[2] 186 A. 0) || *was man sagen und denken kann, muß sein* Burnet 160[1], Hölscher (1) 98, *das Sagen und Denken muß ein Seiendes sein* Diels (1) 35, Verdenius (1) 37, *es ist erforderlich, daß ein Aussagen und Denken dessen was Ist, Ist* Fränkel (3) 404.

kann sein Calogero (1) 20, Mansfeld (1) 90 || *Sein gibt es* Fränkel (3) 404, *Sein ist* Verdenius (1) 37.

2 *nichts ist nicht* d.h. Nichtseiendes, vgl. Kranz VS || *ein Nichts kann nicht sein* Mansfeld (1) 90, vgl. Calogero (1) 20.

8 *dasselbe gilt s.* Nachwort S. 78 f. || *für dasselbe* Diels (1) 70, *die Sein und Nichtsein, das Selbige und das Nichtselbige angenommen haben* Reinhardt 87[1].

9 *in allen Dingen* || *bei ihnen allen* Mourelatos 78 A 7.

Fragment 7 S. 10/11

---

1 *dazu* ... τοῦτο ist Akkusativ, Prolepse des Infinitivs || *es ist unmöglich, daß dies zwingend erwiesen werde* Diels (1) 73 (dagg. Calogero (1) 20 A. 2).

zu sein, wenn ... Tarán 73 || *daß Nichtseiendes ist.*

4 *das ziellose:* zugleich *das nichts erblickende.*

5 *die Zunge* d. h. den Geschmack, vgl. Empedokles (VS 31) Fr. 3.11 || *die Sprache* Mansfeld (1) 43.

Fragment 8 S. 10–19

---

3 *ungeworden und …* Gadamer (1) 61 f. || *weil ungeboren, deshalb auch …* VS.

4 *einheitlich:* „von einer Art“ || *einzig* Tarán 92: (οὐλομελές) *ganz in seinem Bau.* Kranz VS, Untersteiner 27 ff.

vollkommen Owen 102, Tarán 94 || (ἀτέλεστον) *ohne Ende* Diels (1) 75, *ohne Ziel* Kranz VS.

7 *weder* Reinhardt 40 || (οὐδ’) *auch nicht* Kranz VS.

12 *aus einem Seienden …* Reinhardt 41 || (ἐκ μὴ ἐόντος) *aus Nichtseiendem etwas anderes als Nichtseiendes …* Zeller I[7] S. 690 A. 3, *aus dem Nichtsein zu dem Seienden hinzutretend* Gadamer (1) 63, (2) 21.

13 *irgend etwas:* kann auch prädikativ verstanden werden, *daß es zu irgend etwas … wird*, vgl. 8.23 und 44.

aus diesem Grunde d. h. um dessentwillen || *daher* Tarán 103.

16 *Entweder …*: auch als Frage möglich || *Ist, oder ist nicht?* Fränkel (3) 405.

aber … nun s. Denniston, Greek Part. ad l. || *darum* Tarán 85.

18 *wonach …:* eigentlich *von der Art, daß …*, s. Calogero (1) 34 A. 2, mit unnötiger Textänderung: vgl. Il. 9.42, Od. 17.21 || *den andern Weg als vorhanden und wahr zu betrachten* (mit wechselnder Bedeutung von ἐᾶν) Diels (1) 80, VS; *daß das andre ist und richtig ist* (nämlich *ist entschieden,* mit abundantem ὥστε) Fränkel (3) 406.

19 *dann ... vergehen* Kranz VS || (ἔπειτα πέλοι) *später sein* Tarán 104 – was doch wohl das Futurum erfordern würde, vgl. Fr. 19.2; auch könnte die epische Wendung (Il. 9.437, Od. 1.65) kaum anders verstanden werden als: „Wie könnte dann Seiendes sein?“

22 *geteilt* vgl. Melissos (VS 30) Fr. 10 || *teilbar* s. Nachwort S. 85.

ist im prägnanten Sinn, Owen 92 („gleichmäßig“ muß aber deswegen nicht Adverb sein; s. Mansfeld (1) 100 A. 3). Trotzdem wurde auf die Schreibung ἔστιν hier wie andernorts verzichtet, weil die Akzentuierung nach der Bedeutung erst byzantinisch bezeugt ist: die antike Praxis unterschied nur nach der Wortstellung.

23 setzt den Begründungssatz mit gleichem Subjekt fort, Owen 93 || Interpunktion nach 22 VS.

irgend etwas wahrscheinlich prädikativ wie in 45; sonst Akkusativ der Beziehung || *ein etwas* als Subjekt Riezler 35.

30 *wird verharren* Fränkel (1)^{2} 191, s. Nachwort S. 82 und 86 || *verharrt* Calogero (1) 62 A., v. Fritz (1) 102.

32 *weil* Fränkel (1)^{2} 192 || *Darum* von Fritz (2) 238.

nicht unvollendet Fränkel (1)^{2} 194 || *nicht (räumlich) unbegrenzt* Zeller^{7} 699.

33 *wäre es nicht so:* Formel für „andernfalls“ oder „sonst“; es wird damit die (durch doppelte Negation positive) Aussage des V. 32 hypothetisch negiert. Vgl. Mansfeld (1) 100 || *Nichtseiendem* Fränkel (1)^{2} 192 f.; ([μὴ] ἐὸν) *wäre es das* (gleichfalls im Sinne von „sonst“) Zeller I^{7} 693 A. 2 (Nestle), Burnet 161, Tarán 115.

an allem ... || des „ganz“ bedürfen Kranz VS.

34 *das Selbige ...* Hölscher (1) 99 ff., *der Grund, weshalb* von Fritz (2) 238 || *dasselbe ist Denken und das Ziel des Gedankens* Diels (1) 85, VS, *Erkennen ist identisch mit Erkenntnis des Ist* Fränkel (1)^{2} 195, Calogero (1) 11.

35 *worin eine Aussage ...* Hölscher (1) 99 f., vgl. Fränkel (3) 407 ||

nicht ohne das Sein, worin das Denken sich ausdrückt Calogero (1) 11 f., v. Fritz (2) 238, *innerhalb dessen es (das Erkannte) ausgesagt ist* Fränkel (1)^{2} 195.

38 *dem ist...zugesprochen* d.h. *von dem wird all das gesagt ...* Woodbury 149, Mourelatos 180 ff. || (ὄνομ' ἔσται) *darum wird alles bloßer Name sein* Diels (1) 86 f., VS.

42 *vollkommen von allen Seiten her,* Fränkel (1)^{2} 196 || (mit Interpunktion am Versende) *eines von allen Seiten her runden Balles* Mourelatos 123 A 24.

44 *gleich sich erstreckend* vgl. Calogero (1) 25 ff.|| *gleichgewichtig* Kranz VS, *von ausgeglichener Kraft* Fränkel (1)^{2} 196.

als solches d. h. als vollkommenes.

45 *irgend etwas:* vermutlich prädikativ || *um einen Betrag* Fränkel (1)^{2} 196, VS.

49 *ist ... seiend* s. Tarán 149 || *begegnet es gl. seinen Gr.* Fränkel (1)^{2} 197, vgl. Calogero (1) 26 A.

51 *lerne verstehen* s. Nachwort S. 94 || *lerne kennen, erfahre.*

54 *von denen eine allein ... nicht angeht* Hölscher (1) 107 || *von denen die eine nicht angenommen werden sollte* (nämlich die Nacht als das Nichtseiende) Zeller I^{7} 703 A. 2; *von denen nur eine (zu benennen) unerlaubt sei* Diels (1) 41, Verdenius (1) 62; *eine Eins davon hätte man nicht ansetzen dürfen* Fränkel (1)^{2} 180 (d. h. „das ist um eins zu viel" (3) 410); *von denen eine Eine (d. h. eine einheitliche) zu benennen nicht notwendig ist* Schwabl (1) 54, (2) 148; *deren Einheit nicht notwendig ist* Mansfeld (1) 129 f.

59 *unbewußte* d. h. nicht erkennende Fränkel (1)^{2} 182 || *lichtlose* Kranz VS.

60 *passend erscheinende* Verdenius (1) 50 f. || *wie sie erscheint* Diels (1), *wahrscheinlich* v. Wilamowitz (1) 204, Kranz (1) 1170, Tarán 226 A. 59.

Fragment 10 S. 18–21

1 eigentlich *die ätherische Bildung:* „physis" kann, wie „Bildung", verbale oder substantiale Bedeutung haben: „Entstehung" oder „Gebilde". Letzteres muß es in Vers 1 heißen. Das andre scheint in Vers 5 durch Vers 6 gefordert. Der gemeinsame Begriff dürfte in dem „Wesen im Hinblick auf Ursprung und Gewordensein" liegen. Vgl. Fr. 16.3.

Fragment 9 S. 20/21

2 *und mit den … Namen* (koordiniert mit φάος καὶ νύξ) ist Prädikativum zu ὀνόμασται || *und diese (Licht und Nacht) … zugeteilt worden sind* Tarán 161.

3 *das Ganze* Tarán 162 || *jedes* Fränkel (1)^{2} 181 A. 1.

4 *da bei keinem …* erklärt die Gleichwertigkeit von Licht und Nacht, Mourelatos 85 f. A 29 u. 30 || *denn keines hat Anteil am andern* Diels (1) 41, *denn keinem von beiden gehört nichts an* Fränkel (1)^{2} 181.

Scholion zu Fragment 8.59 S. 22/23

Eine Anmerkung zu Fr. 8.56–59 aus unbestimmter älterer Zeit, ursprünglich wohl auf den Rand des Textes geschrieben und in dem Exemplar des Simplicius in den Text selber geraten. Der Kommentar hat einzelne Parmenideische Begriffe durch moderne ersetzt, andre jedoch in der poetischen Sprachform erhalten (hier in Kursive) und ergänzt damit unsre Fragmente aus den verlorenen Teilen.

Testimonium 37 S. 22/23

Das Werk des Aëtius ist ein von H. Diels (Doxographi Graeci S. 267–444) rekonstruiertes Handbuch der Philosophie, das um

100 v. Chr. entstanden ist und für die älteren Philosophen auf Theophrasts großes Werk „Lehren der Physiker“ zurückgeht. Es ist nicht nach Philosophen, sondern nach sachlichen Problemen geordnet. Der Abschnitt über die Ringkonstruktion des Parmenides steht in dem Kapitel „Von der Anordnung des Kosmos“. Siehe Nachwort S. 99 f.

Diels' Textänderung „Herrin der Schlüssel“ (das wäre Dike, s. Fr. 1.14) statt „Herrin der Lose“ ist unnötig, s. Tarán 248 und Nachwort S. 105. Überhaupt bleibt die Gleichung der Göttin mit „Dike“ und „Ananke“ zweifelhaft; so, wie diese Begriffe im verschiedensten Zusammenhang begegnen, ist nicht auszumachen, ob sie überall für Parmenides „Personifikationen“ gewesen sind. (Ist Ananke 8.30 „persönlicher“ als Pistis 8.28?) Es ist darum hier im allgemeinen darauf verzichtet worden, diese und ähnliche Begriffe (Moira 8.37, Peitho 2.4, Aletheia 1.29, 2.4, 8.51) durch Großschreibung im griechischen Text als Eigennamen zu kennzeichnen.

Cicero, der den Ausdruck für „Ring“ bezeugt, läßt einen Epikureer die Gottesvorstellung der übrigen Philosophen kritisieren und dazu ziemlich aufs Geratewohl in ein Handbuch greifen, das dem des Aëtius ähnlich war. Mit jenem äußersten Lichtkreis dürfte der Äther gemeint sein (vgl. Test. 40 a), er ist vielleicht das, was im Fragment 11 der „äußerste Olympos“ genannt wird.

Fragment 12 S. 24/25

---

1 *die engeren* – der Komparativ wird verschieden erklärt, je nach den Deutungen des Ring-Systems (s. Nachwort S. 99–101). Es sind deren vor allem drei. Diels (1) 104 f. hielt sich (nicht ohne Textkorrekturen an Aëtius (Test. 37) und interpretierte nach ihm das Fragment; das System beschriebe danach die gegenwärtige Welteinrichtung. Nach Reinhardt, 13 ff., dagegen hätte es mit dem Weltbilde des Parmenides nichts zu tun, sondern stellte ein Urschema der Gegensätze dar, aus welchem erst, über

einen Zwischenzustand chaotischer Mischung, die Welt entstanden wäre. Fränkel schließlich, (1)^2 183 ff., eliminiert den Aëtius-Bericht, soweit er das Ring-System schildert, als Paraphrase des 12. Fragments. Dieses versteht er – wie Diels, aber nun ohne die komplizierten Angaben aus Aëtius – als eine von der äußersten Begrenzung her beginnende Darstellung des Kosmos.

füllten sich Diels (1) 106, VS || (πλῆνται) *sind erfüllt* Fränkel (1)^2 183 A. 2.

2 *die folgenden:* nach „den engeren" Ringen die weiteren, s. Nachwort S. 101 f. || nach Fränkel die nach innen folgenden; nach Diels und Reinhardt die – von Zentrum und Peripherie aus gerechnet – zur Mitte hin anschließenden.

3 *inmitten* – auch der griechische Ausdruck ist zweideutig; „in der Mitte der Ringe" Diels (1) 107 || „zwischen Licht und Nacht", Reinhardt 12 f. Fränkel (1)^2 185.

Fragment 13 S. 24/25

ins Unsichtbare: das griechische Wort ist zugleich der Name des Hades.

Testimonium 37 S. 24/25

Fortsetzung des Textes von S. 22. Die hier genannten Mächte setzen die Deszendenz der Göttin (Fr. 13) fort. Auch unter den Begriffen der zweiten Hälfte des Satzes verbergen sich offenbar Parmenideische Gottheiten, s. Reinhardt 17.

Fragment 15 S. 28/29

Daß der Mond von der Sonne erleuchtet wird, scheint eine Entdeckung der italischen Wissenschaft zu sein; die übrigen Jonier (Anaximander, Anaximenes, Xenophanes, Heraklit) hatten ihn für selbstleuchtend gehalten. Daher dürfte die Zuschreibung dieser Erkenntnis an Thales (VS 28 Test. 42) ein Irrtum sein.

Fragment 15a S. 28/29

Wasserwurzeln: vermutlich die Quellen. Empedokles (VS 31) Fr. 54 läßt den Äther „mit langen Wurzeln in die Erde tauchen" || *im Wasser wurzelnd* VS, nach dem Scholiasten, der es auf die für Thales bezeugte Vorstellung der schwimmenden Erde bezieht – welche aber in das Weltbild des Parmenides nicht paßt, s. Nachwort S. 101 f.

Testimonium 51 S. 28/29

Von der Darstellung des Empedokles (VS 31) sind die Fragmente 57–62 und Test. 72 erhalten. (Diels' Korrektur im Censorinustext ist unnötig.)

Testimonium 53 S. 30/31

---

s. Empedokles (VS 31) Test. 81 (Aëtius).

Testimonium 52 S. 30/31

---

s. Empedokles Fr. 65.

Testimonium 53 S. 30/31

Mannweiber oder „weibische Männer": s. Anm. zu Fr. 18. Zur Berichtigung des Textes s. H. Diels (2), Dox. Gr. 194.

Fragment 17 S. 30/31

Der Gegensatz von Links und Rechts ist, nach Test. 52, zugleich der von Heiß und Kalt, und dürfte daher in der Unterscheidung der Herzseite von der herzabgewandten seinen Grund haben.

Fragment 18 S. 30–33

Der spätantike Arzt, der das Fragment zitiert hat, bezog den Schluß auf perverse Erotik. Parmenides meinte allenfalls Zwitter; aber sein Schema gab ihm überhaupt die Erklärung ab für entgegengesetzte Geschlechtsmerkmale – physiologischer wie charakterologischer Art – und für die Ähnlichkeiten mit Vätern oder Müttern. Er scheint davon eine detaillierte Theorie entwickelt zu haben.

Testimonium 46 S. 32/33

Aus dem Anfang des Kapitels über die Sinneswahrnehmungen, das als einziges von Theophrasts Werk „Lehren der Physiker" unverstümmelt erhalten ist. (Text: H. Diels, Doxographi Graeci 499–527.)

Fragment 16 S. 34/35

1 Der griechische Text: „wie (einer?) jeweils die Mischung hat", nennt kein Subjekt; es verstand sich wahrscheinlich aus dem Vorhergehenden.

in den Körperteilen Hölscher (1) 116 || *im Körper* Fränkel (1)[1] 172.

3 *was (Akk.) sie denkt* Fränkel (1)[2] 173 ff. || *dasselbe, was (Nom.) bei allen Menschen denkt* Diels (1) 45.

4 *das Mehrere* Diels VS || *das Volle* Bollack 69.

Testimonium 48 S. 34/35

Hipparchos hieß ein Astronom des 2. Jahrhunderts, dem diese Theorie nicht gehören kann. Es liegt wahrscheinlich eine Verwechslung mit Hippasos, dem Pythagoreer in der Mitte des 5. Jahrhunderts, vor – sie begegnet auch sonst in der Doxographie. Die Übereinstimmung mit Parmenides, und zwar gerade in der Feuerlehre, wird bestätigt durch Test. 45.

Fragment 19 S. 36/37

1 *sind jetzt* || ... *noch jetzt* Diels VS.

2 *so auch von jetzt an* || *wird von nun an in Zukunft wachsen und dann (!) sein Ende nehmen* Kranz VS; s. Nachwort S. 108 f.

Fragment 4 S. 36/37

1 *Schau ... gleichermaßen* Hölscher (1) 122 || *Betrachte, wie doch ...* Diels (1) 33, *Schaue jedoch, wie ...* Kranz VS.

2 *er wird nicht...* Calogero (1) 22 A. 1 || *du kannst nicht ...* Diels (1) 64, Bollack 58.

vom Zusammenhang mit ... VS || *daß es sich fern halte von ...* Bollack 59.

3 *weder wenn es sich ausbreitet* vgl. Bollack 60 || *weder so, daß es sich ... auflockere* Diels (1) 33, *weder als solches, das sich ... zerstreue* Kranz VS, *weder durch einen Zustand kosmischer Expansion noch Kontraktion* Reinhardt 49.

im Weltgefüge (im Universum Bollack 61) || *in vollkommener Ordnung* Kerschensteiner 122, *in seinem Gefüge* Diels (1) 33, *durch einen kosmischen Zustand ...* Reinhardt 49 (s. o.).

NACHWORT

von Uvo Hölscher †

Parmenides

Parmenides ist der Schöpfer der Ontologie. Die griechischen Philosophiehistoriker nennen ihn unter den ersten der italischen Schule, die sie als den anderen Zweig der Philosophie von der jonischen unterscheiden. Gegenüber der auf Erfahrung und geistige Naturanschauung sich gründenden Kosmologie der Milesier trägt die italische Philosophie ein logisch-konstruktives Gepräge. Insbesondere die sogenannte eleatische Schule hat die spekulative Logik entwickelt, die dann zur sophistischen und platonischen Dialektik hinführt. Sie trägt ihren Namen von der Heimatstadt des Parmenides, Elea in Lucanien, deren bedeutende Fundamente an der Küste etwa vierzig Kilometer südlich von Paestum noch zu sehen sind.

Allerdings nennen die Handbücher einen anderen, älteren Gründer der eleatischen Schule, Xenophanes von Kolophon, als den Lehrer des Parmenides. Das geht auf Platon zurück, der im Sophistes von der „eleatischen Zunft" redet, die, „mit Xenophanes und noch früher anfangend", die Einheit alles Seienden lehre.[1] Es kann sein, daß man Platon hier zu ernst genommen hat. Es war damals beliebt, die Grundthesen der verschiedenen Schulen über ihre Archegeten hinaus auf ältere Dichter und „Theologen", ja bis in die Mythologie hinaufzuführen[2], und so ist Xenophanes hier, zusammen mit noch Älteren, Ungenannten, offenbar als Dichter und in mehr spielerischer Weise von Platon zum Vorläufer der philosophischen Einheitslehre gemacht worden.

1 Platon Soph. 242 d.

2 Aristoteles Metaph. I 3, 983 b 29 (offenbar nach Hippias).

Über den philosophischen Charakter des Xenophanes und seiner Lehre – wenn es eine solche gab – und über sein zweifelhaftes Verhältnis zu Parmenides[3] kann hier nicht gehandelt werden. Nur die biographischen Daten seien vermerkt. Xenophanes ist ungefähr im Jahr 570 v. Chr. in Kolophon an der jonischen Küste Kleinasiens geboren. Er hat fünfundzwanzigjährig den Untergang des Lyderreiches durch die persische Eroberung erlebt und gehörte zu den vielen griechischen Emigranten, die damals in Scharen ganzer Stadtbevölkerungen Jonien verließen und im westlichen Mittelmeer, zumal in Süditalien, Fuß zu fassen suchten. Auch Elea ist damals, im Jahre 540, von ausgewanderten Phokäern gegründet worden. Xenophanes soll die Gründung der Stadt in einem epischen Gedicht geschildert haben; daß er Bürger von Elea war, ist nicht wahrscheinlich. Gelebt hat er zumeist auf Sizilien, als fahrender Rhapsode öffentlich oder bei den geselligen Gelegenheiten auftretend, deren künstlerische Ausdrucksform die Gattung der altgriechischen Elegie gewesen ist, und fand schließlich in Hieron, dem Monarchen von Syrakus, einen Gönner. Noch im höchsten Alter, in den siebziger Jahren des fünften Jahrhunderts, hat er gedichtet.

In diesem beinahe hundertjährigen Leben bleibt für eine mögliche Begegnung mit Parmenides ein weiter Spielraum.[4] Dieser ist wahrscheinlich schon in Elea geboren. Sein vierzigstes Jahr wurde von der antiken Chronographie, wahrscheinlich nach dem Gründungsjahr der Stadt, kurz vor die Jahrhundertwende fixiert. Daß er nicht *sehr* viel jünger gewesen ist, darf man, dem Anschein zum Trotz, aus Platons Dialog Parmenides schließen, worin Platon es zu einer Begegnung des Sokrates mit dem alten Philosophen kommen läßt. So gewiß diese Begegnung selber eine Fiktion ist, so tut Platon doch alles, um sie als möglich hinzustellen. Parme-

[3] Siehe K. Reinhardt 89ff., und W. Jaeger 50ff.

[4] Xenophanes Fr. 8 (VS 21 Fr. 8). [Dennoch, das ›Eleatische‹ in Xenophanes dürfte erst sophistische Interpretation sein.]

nides sei als alter Mann, fünfundsechzigjährig, zum Besuch der panathenäischen Spiele nach Athen gekommen, Sokrates sei damals noch „außerordentlich jung“ gewesen. Da Sokrates 470 geboren ist, käme man damit für Parmenides auf ein Geburtsjahr um 520. Platon hat gewiß nicht ohne Not so extreme Bedingungen für die Begegnung erfunden; das heißt, Parmenides hat jedenfalls nicht später gelebt[5].

Unsicherer ist die Abfassungszeit seines Gedichts. Nimmt man die Anrede der Göttin beim Wort, so war er noch ein „Jüngling“. Das würde auf ein Datum um die Jahrhundertwende oder vorher führen. Aber zwingend ist das nicht, und eine Abfassung auch in etwas späterer Zeit bleibt möglich. Nur soviel ist zu sagen, daß Parmenides und Xenophanes wechselseitig voneinander Kenntnis haben konnten.

Die Chronologie ist aber noch für ein anderes Verhältnis bedeutend, das zu Heraklit. Für Platon ist Heraklits Philosophie eine Antwort auf die eleatische Lehre, auch zeitlich dieser folgend.[6] In neuerer Zeit ist das Verhältnis umgekehrt worden, indem man in der Philosophie des Parmenides eine Polemik gegen Heraklit zu erkennen glaubte.[7] Da Heraklits Schrift kaum vor den achtziger Jahren, wahrscheinlich erst nach 478, geschrieben worden ist, ergibt sich für eine solche Annahme die größte chronologische Schwierigkeit.[8] Umgekehrt kann sich eine Datierung des Parmenides nach Heraklit zuletzt nur auf die fragliche Interpretation seiner Philosophie stützen.[9]

Von einem dritten Verhältnis ist noch zu reden, dem zu Pythagoras. Es gibt unverächtliche Zeugnisse, daß Parmenides mit Pythagoreern in Beziehung stand, ja daß er, wie

[5] Vgl. Zeller-Nestle I[7] 681 A. Anders rechnen Diels (1) 71, Kirk-Raven 263, 268.

[6] Platon Sophistes 242 d.

[7] Nach J. Bernays H. Diels (1) 71.

[8] Siehe Reinhardt 155 ff.

[9] Siehe unten 78 f. und 87.

auch sein Schüler Zenon, selber Pythagoreer gewesen sei. Die Nachrichten stammen aus biographischer, nicht philosophiegeschichtlicher Tradition. Pythagoreer nennt ihn Strabon in einem Zusammenhang, wo er seine politische Rolle in Elea erwähnt. Er stammte aus angesehener, reicher Familie, wie es den politischen Tendenzen des Ordens entsprach. Für einen verstorbenen pythagoreischen Freund, Ameinias, stiftete er ein Heroon. Es fragt sich, wie weit Einflüsse des Ordens über das Politische und die Gesetze der Lebensführung hinaus in die Denkweise des Parmenides reichten. Neuere Interpreten haben pythagoreische Elemente in seiner Lehre nachzuweisen versucht.[10] Aber nichts ist greifbar, und überhaupt bestehen an dem philosophisch-wissenschaftlichen Charakter des älteren Pythagoreertums triftige Zweifel.[11]

Nach dem angedeuteten rationalen Charakter der parmenideischen Lehre muß es den modernen Leser zunächst überraschen, daß Parmenides die traditionelle Prosaform der jonischen Lehrschrift aufgibt und in epischen Hexametern dichtet. Es ist die Sprache Homers und Hesiods, und das Eigentümliche des Gedichts besteht zum Teil darin, wie es traditionelle epische Formeln seiner so völlig anderen Aussage adaptiert. Der epischen Form bediente sich allerdings auch Xenophanes, und er steht damit in der Tradition der rhapsodischen Bankettsänger. Aber von da führt kein Weg zu Parmenides. Dessen literarischer Ahn ist vielmehr Hesiod. Mit dem religiösen Lehrgedicht, vor allem der Theogonie, teilt das parmenideische nicht nur die sprachliche Form, sondern den Charakter der Offenbarung, der Unterweisung des Dichters durch die Gottheit. Darüber hinaus bleibt auch in dem philosophischen Lehrgedicht die Form der Kosmogonie die Theogonie; von substantiellen Übereinstimmungen und Affinitäten einstweilen zu schweigen. In derselben literarischen Gattung spricht ein halbes Jahrhundert später

[10] Burnet 170, Kirk-Raven 277.

[11] Siehe Burkert 260 ff.

Empedokles seine Lehre aus, wobei mit der hesiodisch-parmenideischen Form sich wiederum Denkweisen und Inhalte forterben. Schüler des Empedokles in der Gattung des philosophischen Lehrgedichts wird dann, in langem Abstand, Lukrez, auch er dem Meister nicht nur die poetische Form verdankend.

Parmenides hat nur diese eine, kurze Schrift geschrieben, und auch sie ist im Altertum wenig gelesen, noch seltener abgeschrieben oder zitiert worden. Wir würden fast nichts von ihm haben, hätte nicht der kluge Kommentator des Aristoteles, Simplicius, am Anfang des 6. Jahrhunderts, kurz vor der endgültigen Schließung der platonischen Akademie von Athen durch den christlichen Kaiser, wahrscheinlich in ihrer Bibliothek ein altes Exemplar der parmenideischen Schrift aufgefunden, aus dem er große Partien in seinem Physik-Kommentar ausschreibt, ausdrücklich „wegen der Seltenheit des Buches", damit seine Leser seine Darstellung der parmenideischen Lehre am originalen Text nachprüfen könnten.[12] Wir besitzen auf diese Weise von dem ersten, im Urteil der Nachwelt wichtigeren Teil des Gedichts, der sogenannten Rede von der Wahrheit, schätzungsweise neun Zehntel, davon die Entwicklung des Seienden und den unschätzbaren Übergang zum zweiten Teil ganz; von diesem allerdings, der die „Meinungen der Sterblichen" oder den Schein behandelte, nur vereinzelte Bruchstücke.

Die geringe Verbreitung des Werks des Parmenides steht im Gegensatz zu der außerordentlichen Wirkung seines Gedankens. Was von Sokrates gesagt wird: daß von ihm alle späteren philosophischen Schulen bestimmt sind, das gilt mindestens ebenso von Parmenides. Daß das Seiende *ist* und nicht *nicht sein* kann: diesem Satz haben sich alle Folgenden so wenig entziehen können, daß er die griechische Philosophie, ja das rationale Denken der Menschheit in ein vor- und ein nachparmenideisches Zeitalter scheidet. Er führt einer-

[12] Simpl. Phys. 144 (VS 28 A 21).

seits, in der an Parmenides sich anschließenden Naturphilosophie (Empedokles, Anaxagoras, Leukipp und Demokrit), zu der Konzeption der unveränderlichen Stoffe, seien sie als Elemente oder als Atome gedacht, und hat in der Form des Gesetzes von der Erhaltung des Stoffes und der Kraft bis heute seine Gültigkeit behalten. Die andere Linie führt über die eleatische Schule und die frühsophistische Erkenntniskritik zur logischen Ontologie Platons. Seither ist der Satz des Parmenides in der Form des Satzes vom Widerspruch die Grundlage der Logik und aller wissenschaftlichen Erkenntnis.

Die platonische Adaption der parmenideischen Seinslehre von ihrer logischen Seite her ist auch bestimmend geworden für alle folgende Interpretation des Parmenides und seine Abgrenzung gegen die kosmologische Philosophie. Zwar hat Parmenides selber im zweiten Teil seines Gedichts eine Kosmogonie und Kosmologie entwickelt, die, nach den Details einiger Bruchstücke zu schließen, von der Bildung der Gestirne bis zur organischen Physiologie und Wahrnehmungslehre reichte und an Fülle des naturwissenschaftlichen Stoffes, aber auch bahnbrechender Erkenntnisse wahrscheinlich alles bisher Geschriebene in den Schatten stellte. Aber das gehörte, wie gesagt, zum zweiten Teil, zum „Schein" oder zur sogenannten „Doxa", erhob mithin keinen Anspruch auf Wahrheit und konnte an dem Urteil des Aristoteles nichts ändern, daß die Philosophie des Parmenides nicht in die Naturlehre gehört.[13]

Das Verhältnis des zweiten zum ersten Teil ist das Kernproblem der Parmenidesforschung geworden. Aristoteles erklärte sich den Widerspruch als eine Konzession, die Parmenides notgedrungen an den Augenschein machen mußte.[14] In neuerer Zeit ist in ähnlichem Sinne der zweite Teil als eine nur hypothetische Kosmologie verstanden worden, die,

[13] Arist. De caelo III 1, 298b 17ff. (VS 28 Test. 25).

[14] Arist. Metaph. I 5, 986b 31 (VS 28 A 24).

unter der Voraussetzung, daß der Schein wahr wäre, die beste Erklärung der erscheinenden Welt abgeben würde.[15] Andere sahen darin gar nicht die Theorie des Parmenides, sondern eine fremde, vielleicht ideal komplettierte Lehre, die der poetische Philosoph im polemischen Sinn, zu didaktischen Zwecken des Schulbetriebs hier angefügt hätte.[16] Erst Karl Reinhardt, der das neuere Verständnis der Vorsokratiker eingeleitet hat, hat auch den zweiten Teil der parmenideischen Lehre angefangen ernst zu nehmen. Seither ist die Beziehung und Einheit der beiden Teile mehr und mehr hervorgetreten, so daß es schließlich fraglich wird, ob die Auffassung des Parmenides als Logiker und seine Trennung von den kosmologischen Bemühungen der anderen Vorsokratiker das eigentliche Wesen seiner Philosophie trifft.

15 Wilamowitz (1) 204.

16 Diels (1) 63, Burnet 170.

Das Gedicht des Parmenides trug im Altertum den Titel Περὶ Φύσεως, „Über die Natur", und Simplicius zweifelte nicht daran, daß es des Autors eigene Überschrift war.[1] Er bemerkte, daß dieser Titel sich nicht unbedingt auf einen physikalischen Inhalt beziehen mußte. Denn „physis" hieß in der alten Sprache nicht „die Natur", sondern das „Wesen", nämlich das eigentliche und wahre Wesen einer Sache; im prägnanten Sinn dann das Wesen der Dinge oder des Seienden im ganzen. Seit wann man den philosophischen Lehrschriften diesen Titel gab, wissen wir nicht; für Lukrez, der ihn „De rerum natura" übersetzt, gehört er zur Form des altgriechischen Lehrgedichts, in der er archaisierend dem Empedokles folgt. In neuerer Zeit wird meistens angenommen, daß die archaischen Schriften noch keine Titel trugen; und allerdings begannen die ältesten Prosaisten ihre Werke statt eines Titels mit einem überschriftartigen Satz. Aber Gorgias, um die Mitte des 5. Jahrhunderts, hat eine Schrift bereits „Über das Nichtseiende oder Über die Natur" überschrieben, in offenbarer und pointierter Variation eines überkommenen Titels – gerade zu seiner Zeit begann das Wort „physis" die „natürliche Welt" zu bezeichnen. Der Gorgianische Titel läßt vermuten, daß er auf ontologische, das heißt eleatische Schriften anspielt. Darum scheint es nicht zu gewagt, wenn man einem Werk, das kaum ein halbes Jahrhundert älter war, diesen Titel läßt.[2] Über seine Bedeutung kann man erst vom Ganzen her eine Vermutung anstellen.[3]

Fr. 1 Parmenides beginnt mit der Beschreibung seiner Wagenfahrt in ein Reich des Lichts, wo eine Göttin ihn empfängt und ihm die Wahrheit kundtut. Diese Rede der Göttin enthält die eigentliche Lehre des Parmenides und füllte wahr-

[1] Simpl. De caelo 556.25.

[2] Siehe Verdenius (1) 73 ff.

[3] Siehe unten 113 f.

scheinlich den ganzen Rest des Gedichts. Jedenfalls haben sich keine Spuren von einem Schluß erhalten, in welchem der Dichter nach der Rede noch einmal im eigenen Namen das Wort ergriffen hätte.

Die poetische Begabung des Parmenides, seine Fähigkeit des Ausdrucks, wird im allgemeinen nicht hoch eingeschätzt.[4] Möglicherweise fehlt es einem solchen Urteil an zureichenden Begriffen. Die Schilderung der Fahrt sticht durch ihre Anschaulichkeit stark von dem abstrakten Charakter der göttlichen Belehrung ab. Doch weisen die einzelnen Bilder, teils durch sich selber, teils durch ihren Kontext mit den anderen, auf einen Sinn hin. Wir sind geneigt, eine solche Bildersprache allegorisch zu nennen. Als Allegorie hat das Proömium schon Sextus Empiricus, dem wir das Bruchstück verdanken, ausgelegt, indem er in den Pferden die Triebe, in der Reise die philosophische Kontemplation sieht; die Sinne – Ohren und Augen – erkennt er in den zwei Wagenrädern und den Sonnenmädchen, in der Torwächterin den Verstand usw.[5] Abgesehen von dem so für Parmenides nicht zutreffenden Verhältnis von Sinneswahrnehmung und Verstandeserkenntnis, gehört auch diese Form der verschlüsselnden Allegorie erst der hellenistischen Zeit an. Die Metaphorik des Parmenides ist direkter. Sie schließt sich zunächst an Topen des Dichtens und der Gedichteingänge an.[6] Gespann und Wagen sind das feierliche Vehikel, von dem auch Pindar sich zum Thema seines Liedes bringen läßt; der „Weg der vielen Kunde" ist das Lied selber; und die Gottheit dieses Weges dürfen wir getrost die Muse nennen. Aber darein mischt sich ein anderes Bild: von der Schnelligkeit des Gedankens. Homer vergleicht damit den Flug der Hera: „Wie wenn der Gedanke eines Mannes fliegt, der viel auf der Erde herumgekommen ist und sich nun denkt: da möchte ich sein

4 Siehe Diels (1) 7, v. Wilamowitz (2), Die griech. Lit. des Alt. 62.

5 VS 28, Test. zu Fr. 1.

6 Fränkel (1)² 158ff.

oder dort! …“[7]. Der Welterfahrene, der beliebig im Geiste sich hierhin oder dorthin versetzt, ist auch das Motiv des Parmenides. Der Weg des Dichtens wird zum Weg des Denkens.

Der Weg führt vom Dunkel zum Licht. Das „Haus der Nacht“ wird verlassen, ein Tor wird durchfahren, welches das „Tor der Bahnen von Nacht und Tag“ heißt. Das Bild entstammt der alten Mythologie, die sich ein solches Tor an der Wohnung der Nacht denkt: Nacht und Tag begegnen dort einander so, daß nur immer eines der beiden im Hause ist.[8] Vom mythischen Sonnenaufgang leiht die Fahrt des Parmenides ihre Bilder. Versucht man aber, nun die Etappen der Reise zu bestimmen, so gerät man alsbald in Schwierigkeiten.[9] Wie viele Häuser gibt es? Wo ist das Tor? Am Anfang oder am Ende? Oder in der Mitte? Wo endet das Dunkel? Wo befindet man sich am Anfang des Gedichts? Die kosmische Metaphorik legt es nahe, die Stationen der Fahrt im Kosmos zu lokalisieren.[10] Aber die Widersprüche werden nur ärger. Wird dieses Tor auch von Licht und Nacht durchschritten? Liegt es im Osten oder Westen? Oder im Zenit? Fährt Parmenides im Sonnenwagen, ein glücklicherer Phaethon, auf der Sonnenbahn?[11] Oder umgekehrt, von Nacht und Westen gegen Osten? Man muß sich klarmachen, daß auch das mythische Tor am Haus der Nacht, das Tag und Nacht passieren, nicht im physikalischen Raum, weder im Osten noch im Westen, unterzubringen ist: der Mythos redet unmittelbar zum Verstehen. Auch bei Parmenides sind die einzelnen Metaphern nicht zum Ganzen einer realen An-

7 Ilias 15.80.

8 Hesiod Theogonie 748.

9 Ausführliche Diskussion bei Mansfeld 222ff. Seine eigene Lösung (239): Die Heliaden treffen den Wagen des Parmenides erst unterwegs.

10 Kranz (1) 1158ff.

11 Bowra 103ff.

schauung zu vereinigen[12], die zwischen Bild und Sinn zu vermitteln hätte. Die Metaphorik des Parmenides ist von der Unmittelbarkeit der Sprache selber. Als unmittelbare Aussagen sind die Metaphern der Schnelligkeit, des Geleits der Heliaden, des Aufschlagens der Schleier, des Hauses der Nacht, das verlassen wird, des Tores, das die Wege trennt usw., für sich selber sprechend und verständlich, und bedürfen nicht der Einordnung in eine vermittelnde Realität. Die Metaphorik fehlt auch durchaus nicht, so stark man den Unterschied empfindet, in der folgenden philosophischen Demonstration, und ist dort von derselben Art: z. B. das Seiende, das in den Fesseln der Notwendigkeit liegt, die Fesseln, die von der Gerechtigkeit nicht gelockert werden, während Werden und Vergehen in die Ferne verschlagen sind. Im Proömium hat sich ihr bildliches Element selbständig gemacht. Aber es ist nicht allegorischer, als wenn Homer vom Sänger sagt, daß ihn die Muse gelehrt habe. Wäre die Fahrt zur Göttin Allegorie, so wäre dies vor allem die Göttin selber. Aber Parmenides würde seine Göttin durch keinen Begriff oder menschliches Vermögen ersetzen wollen noch können.[13]

Belehrung durch die Musen hat Hesiod erfahren, als ihm beim Rinderweiden am Helikon die Göttinnen erschienen waren. In die Reihe solcher Berufungs- und Einweihungsgeschichten gehört auch die Wagenfahrt des Parmenides.[14] Hier wird also nicht der allgemeine, wiederholte und wiederholbare Erkenntnisvorgang[15], sondern etwas Einmaliges beschrieben. Man würde wohl Ton und Absicht verkennen, wenn man auf ein ekstatisches oder mystisches Erlebnis des Parmenides schließen wollte.[16] Die Wagenfahrt erzählt den Grund seines philosophischen Berufs als Berufung.

12 Fränkel (1)² 161.

13 Vgl. Reinhardt 67.

14 Vgl. Bowra 106, Mansfeld (1) 259f.

15 So Fränkel (1)² 159, Tarán 30.

16 So Jaeger 95ff., Verdenius (1) 67ff. und (2) Mnemosyne IV

Fr. 1, 1–10 Als einmaliges Erlebnis ist durchaus die Ankunft am Tor und der Empfang bei der Göttin gemeint, wie aus den Verbalformen hervorgeht. Aber auch die imperfektischen Formen, in denen am Anfang die Fahrt geschildert wird, bezeichnen nicht die Wiederholung des Vorgangs, sondern das Zuständliche der einmal erlebten Fahrt. – Zu unterscheiden ist davon allein, was von den Pferden (im Präsens) gesagt wird: daß sie ihn „bringen so weit er nur will"; und von der Straße, die „den Wissenden überallhin führt". Damit ist in der Tat das Denken als ein immerwährendes Vermögen gemeint: sie tun das immer, sofern eben das Denken das auszeichnende Vermögen des „Wissenden" ist, das Entfernte zu vergegenwärtigen (s. Fr. 4). Dies unterscheidet ihn von den übrigen Menschen als den „nichts wissenden" (Fr. 6). Es trägt den Denkenden „in alle Städte": der Ausdruck scheint noch von Orten der Menschenwelt zu reden, anders als nachher die Göttin von dem Ort der Wahrheit, der „außerhalb des Verkehrs der Menschen" (1.27) liegt. Kurzum, das oft Erfahrene und immer zu Gebote Stehende ist die Kraft des Denkens – aber diesmal geht die Fahrt zur Offenbarung des Seienden.

Das Besondere dieser Fahrt beginnt mit den Begleiterinnen (1. 5), den Mädchen, die sich als Heliaden herausstellen. Die göttlichen Wegweiserinnen bedeuten Begnadung. Man darf nicht fragen, ob sie des Denkers eigene oder fremde Kräfte sind: der archaische Mensch erfährt die Mächte des Inneren als äußere Mächte.[17] Die im folgenden sich häufenden Lichtmetaphern, entsprechend verbreiteter Symbolik, kennzeichnen die Fahrt als ein Ereignis der Erleuchtung. Licht ist soviel wie Wahrheit. Das verwickelt den Interpreten allerdings in ein Problem. Gerade das Licht bildet für Parmenides, zusammen mit dem Dunkel, die Dualität der Scheinwelt und ist dort nicht zu denken ohne seinen Gegen-

1949, 116ff. Als schamanistische Entrückung verstehen es Diels (1) 14, Cornford (2) Pr. Sap. 118.

[17] Fränkel (1)² 168.

satz, vor dem es keinen Vorrang zu haben scheint. In dem Bereich des Seienden und der Wahrheit, möchte man denken, hat es keinen Platz. Hat Parmenides den Widerspruch nicht bemerkt? oder in den Kauf genommen, weil er im Proömium vom Licht nur metaphorisch spricht? Ein Anzeichen mehr, daß die Wagenfahrt als poetisches Bild von dem Gedanklichen der Lehre abzutrennen wäre? Oder meint Parmenides mit dem Licht in der Scheinwelt das Seiende, und der Irrtum der Menschen bestünde darin, daß sie zum Seienden noch das Nichtseiende setzen, das Dunkel? Das scheint die Meinung des Aristoteles gewesen zu sein.[18] Wir heben diese entscheidende Interpretationsfrage für später auf.

Die Torwächterin trägt den Namen der „Gerechtigkeit“: I, 11–21
Aber „Dike“ in archaischer Sprache involviert nicht primär einen ethischen Sinn, sondern das Gehörige, die Richtigkeit des Weltverlaufs und ist also eher ein kosmischer Begriff. Bei Heraklit sorgt sie dafür, daß „die Sonne ihre Maße nicht überschreitet“. Als Wächterin am Tor der Straßen von Tag und Nacht wacht sie wohl eigentlich über den richtigen Wechsel. Doch tritt diese Vorstellung vom Wechsellauf durch das Tor hier entschieden zurück hinter der der Trennung zweier Bereiche, der Unzugänglichkeit des göttlichen Lichtreiches für die Sterblichen. Es bedarf der besonderen Huld und Fürsprache für den Begnadeten, daß er eingelassen wird. Daß dieser Eine, von Unsterblichen Begleitete, den Weg zur Göttin fand, den Weg „fernab vom Verkehr der Menschen“, ist „Fug und Recht“ – „dike“ (1.28). Später heißt es, daß Dike das Seiende in Banden hält, so daß es nicht werden noch vergehen kann (8.14). Es ist also die Richtigkeit des notwendigen Denkens[19], die hier dem Parmenides das Tor zur Wahrheit öffnet.

[18] Metaph. I 5, 987 a 1 (= Test. 24).

[19] Fränkel (1)² 165.

1, 22–28 Die Göttin, zu der er gelangt, ist demnach wohl nicht selber Dike.[20] Wer ihr einen Namen geben will, muß sie die Muse nennen.[21] Auch die Muse Homers heißt am Anfang der Ilias nur die „Göttin“. Zur Muse gehört nicht bloß, wie in der Trivialvorstellung, das Künstlerische, sie ist die Wissende. Die Musen Hesiods, die ihn zum Dichten des Götterstammbaums berufen, „wissen das Wahre zu erzählen“[22]. Man möchte danach Parmenides' Göttin wohl auch die Wahrheit nennen. Von der Wahrheit, Aletheia, empfing vielleicht Epimenides im Traum seine Verkündigung. Parmenides allerdings hat diesen Namen für sie nicht gemeint, da er sie selber von der Aletheia sprechen läßt (Fr. 1.29, 2.4, 8.51). Wie aber seine Lehre sich als Belehrung durch die Gottheit gibt, so kommt auch sein eigentümlicher Wahrheitsanspruch – in dieser Weise von den früheren Philosophen nicht erhoben – aus der Gattung der religiösen Berufungs- und Offenbarungspoesie, die für uns durch Hesiods Theogonie repräsentiert wird.

Über dem Zusammenhang der Gattung ist freilich ein entscheidender Unterschied nicht zu übersehen. Hesiods Verkündigung macht Anspruch auf Wahrheit, weil die Göttinnen sie verkündigt haben. Doch in der Rede der parmenideischen Göttin schafft sich die Wahrheit einen anderen Überzeugungsgrund als den, daß sie Rede der Göttin ist: sie beruft sich auf den Logos, das *richtige Reden*. Wir übersetzen Logos mit Vernunft, ratio. Das Lexikon bietet daneben eine Reihe von stark divergierenden Bedeutungen an, unter denen wenigstens „Wort“, „Rede“, „Rechenschaft“, „Begründung“, „Denken“, und schließlich „Vernunft“ so unlösbar im griechischen Sprachgebrauch verbunden sind, daß die Interpretation oft schwerfällt. In der Rede der parmenideischen

[20] So Deichgräber 640, 664. Aber Herrscher und Torwächter sind schwerlich eine Person.

[21] Fränkel (1)² 159/60.

[22] Theogonie 28.

Göttin ist der „Logos", *mit dem* der Adept die vorgetragene Beweisführung entscheiden soll (Fr. 7.5), begrifflich kaum von dem „zuverlässigen Logos" zu trennen, als welchen sie ihre eigene *Rede* bezeichnet, den „Logos und Gedanken von der Wahrheit" (Fr. 8.50). Rede und Gedanke, Sagen und Denken werden von Parmenides öfters auffällig so untereinander gekoppelt, daß sie fast wie Synonyme erscheinen (Fr. 2.7f., 6.1, 8.8, 8.50). Wie immer man die ursprüngliche Identität von Sprechen und Denken anthropologisch beurteilen will, die *Rede* der Göttin ist nichts anderes als eine folgerechte, begründend fortschreitende *Überlegung*, ein *richtiges Denken*. Das richtige Sprechen ist ein vernünftiges Sprechen. Im Begriff des richtigen Sprechens allein hat die parmenideische Argumentation mit dem „Sagbaren" als dem „Denkbaren" seinen Grund.

Die Göttin beginnt, nach der Begrüßung, mit einer Ankündigung, die einer Disposition ihrer Rede gleichkommt. Zweierlei soll der Jüngling erfahren: die Wahrheit – und die Meinungen der Sterblichen, die „nicht verläßlich" sind. Die *Wahrheit* heißt, mit Prädikaten, die auch das *Seiende* erhalten wird[23], „rund" und „unerschütterlich"; „wahr" und „seiend" sind in der alten Sprache vertauschbare Begriffe.

Das Ende der „zuverlässigen Rede von der Wahrheit" liegt, wie die Göttin selber sagen wird, bei 8.50; „von hier an folgen die sterblichen Meinungen". Das ist also die angekündigte Behandlung des anderen Gegenstands, der „keine wahre Zuverlässigkeit" besitzt (1.30).

Aber die Göttin fährt fort, er solle „trotzdem" – das heißt, trotz dieser „Unwahrheit" – „auch das erfahren, wie es kommen mußte, daß das Vermeinte in Ansehen steht". Dabei werden die „Meinungen" (δόξαι) jetzt aufgegriffen als das den Menschen „Scheinende" (δοκοῦντα), so aus dem Subjektiven das Objektive des „Scheins" hervorhebend. Die „Meinungen" sind nicht Ansichten über die Dinge, geschweige

[23] Siehe Gigon (2) 249.

fremde Lehrmeinungen, sondern der allen Menschen gemeinsame Schein der sinnlichen Welt, der „Alles durchdringt". „Alles durch alles hindurch" ist die Formel, die, wahrscheinlich von den Milesiern herrührend, das kosmische Prinzip bezeichnet, das überall und ewig herrscht. Parmenides überträgt sie auf den Schein.

Diese so bestimmte Ankündigung im Programm der Göttin hat nun viel Kontroversen verursacht. Ist es, nach Wahrheit und Schein, ein dritter Punkt?[24] Aber es folgt nach dem „zweiten Teil" kein dritter; und der zweite scheint selber das hier zusätzlich Versprochene zu erfüllen (s. Fr. 9). Ist es also nur die Erläuterung des zweiten Punktes, der Mitteilung der menschlichen Ansichten?[25] Aber was im zweiten Teil tatsächlich mitgeteilt wird, sind keineswegs die Ansichten der Menschen, sondern eine sie erklärende Theorie. – Die Kontroverse scheint sich mir in einem einfachen Mißverständnis aufzulösen; denn die Göttin sagt nicht, daß ihr Adept die Vorstellungen der Menschen „erfahren", sondern „verstehen lernen" soll, und dies ist tatsächlich der Inhalt des zweiten Teils von Fr. 8.50 an: eine *Erklärung* der menschlichen Meinungen als eine Entstehungsgeschichte des Scheins, und diese als eine vollständige Kosmogonie. – Die *Darstellung* der menschlichen Meinungen steht dagegen im ersten Teil, in Fr. 6 und 8.39.

Fr. 5 Wieviel zwischen dem ersten und dem zweiten Fragment fehlt, wissen wir nicht; das Erhaltene läßt kaum etwas vermissen. Doch muß hier das Fragment 5 gestanden haben – die Umstellung der Diels'schen Ordnung der Fragmente in den späteren Auflagen der Vorsokratiker ist ein Mißgriff gewesen.[26] Es stammt offenbar aus dem Anfang der Rede der Göttin. Die „Rückkehr zum selben Punkt", die sie verspricht,

[24] Schwabl (1) 56 ff., Deichgräber 664.

[25] Kranz (1) 1170, Tarán 211 ff., vgl. Owen 88.

[26] Pasquinelli 396 A. 29, Verdenius (1) 35 A. 6.

bedeutet vermutlich, daß das Gedicht mit dem Thema des Seienden, das den Anfang bildet, auch wieder schloß.

Die folgende Rede führt sich ein als eine „Nachforschung“: das griechische Verbum heißt „nach etwas suchen und fragen“. Der „Weg des Suchens“ ist die „Prozedur“ des Denkens. Das Gesuchte dürfen wir vorläufig das Wahre nennen. Das Wahre stützt sich auf „Überzeugungskraft“ (2.4), der „Weg der Überzeugung“ wird also ein diskursives Denken sein. Fr. 2

Die Göttin beginnt mit der Disjunktion zweier Wege, die durch ihren Denkinhalt als kontradiktorische Möglichkeiten bestimmt sind: „*es ist*“, und „*es ist nicht*“. Als kontradiktorische Sätze sind diese beiden Möglichkeiten erschöpfend, die Göttin hat bei den „allein denkbaren Wegen“ (2.2) also nicht mehr als diese zwei im Auge. Der dritte, von dem sie alsbald reden wird, der Irrweg der Menschen, bleibt unter den „denkbaren“ hier außer der Betrachtung.

„Es ist“: was für ein Subjekt hat Parmenides zu diesem „ist“ gedacht? In der sogleich hinzugefügten Negation des Gegenteils *scheint* das Subjekt genannt zu sein: „nicht ist *Nichtsein*“ (2.3). Soll man demnach ergänzen: „*Sein* ist“? Aber am Ende gelangt die Untersuchung zu dem „*Seienden*“ (8.2–4). Ist Sein und Seiendes für Parmenides dasselbe? Und doch weiß er es sprachlich sehr wohl zu unterscheiden (s. Fr. 6.8, 8.40). Und was hieße für Parmenides: das Sein ist? Der Gedanke: „das Sein west“[27], im Sinne der essentiellen Aktualität des Seins, ist dem archaischen Denker nicht zuzutrauen. Alle nachher gegebenen Prädikationen gelten dem Seienden. Wohl ist das „Seiende“ dort immer wieder auf sein „Sein“ befragt; aber das Befragte ist nicht das Sein, und nichts deutet darauf, daß Parmenides überhaupt etwas *vom* Sein oder *vom* Nichtsein ausgesagt hat. Vielmehr heißt auch

27 Worauf Fränkels Auffassung des „Ist“ als „Impersonale“ hinausläuft („es ist“ wie „es regnet“), (2) 169, (3) 403 A. 13. Siehe dazu u. Anm. 30.

in Vers 3 die besagte negative Formulierung:„es *kann* nicht *nicht sein*"[28]. Die Frage nach dem Subjekt bleibt also. Dasselbe gilt für die Antithese „es ist *nicht* und *muß* nicht-sein".

Im Rahmen des parmenideischen Gedankens hält sich eher die andere Ergänzung: „das *Seiende* ist" – „das *Seiende* ist nicht". Daß das erste eine Tautologie, das zweite ein Paradox wäre, wäre noch kein Einwand. Parmenides würde von dem absolut Sicheren ausgehen wollen. Aber gerade dieses Sichere müßte er dann wohl in seiner ganzen tautologischen Sicherheit aussprechen; gerade dann dürfte das Subjekt „das Seiende" nicht fehlen. Und damit wäre er freilich auch bereits am Ende. Statt zum Seienden hinzugelangen, würde er damit anfangen; „Seiendes ist" wäre Prämisse, oder vorweggenommene These.[29]

Verzichtet man auf die Ergänzung eines bestimmten Subjekts, so heißt das noch nicht, daß es überhaupt keines gibt.[30] Es stehn die kontradiktorischen Sätze dann als reine Möglichkeiten der Aussage: man kann von etwas entweder sagen: es ist, oder: es ist nicht. Der Ernst dieser Aussagen wird unterstrichen durch die jeweiligen Negationen der Gegenteile: sagt man von etwas: es ist, so kann es auf keine Weise nicht sein; sagt man: es ist nicht, so kann es auf keine Weise sein. Das wird wichtig werden für das Urteil über die Meinung der Menschen (7.1).

Die oben gegebene Übersetzung: „daß (*etwas*) ist", ist natürlich eine Aushilfe. Sie bedeutet nicht, daß ein „Irgend-

[28] Dem ἔστι entspricht also nicht οὐκ ἔστι, sondern μὴ εἶναι. Die Übersetzung „es kann nicht" wird gesichert durch das entsprechende „es muß" in V. 5; vgl. Verdenius (1) 32 A. 5.

[29] So Verdenius (1) 31 ff., Deichgräber 673, Tarán 38, 191; dagegen Calogero (1) 17 ff.

[30] So Tarán 36; dagegen Owen 33/5. Den sog. „unpersönlichen" Gebrauch gibt es im Griechischen nicht, sondern nur den mit „allgemeinem persönlichem Subjekt", s. Schwyzer, Gr. Gramm. II 245 u. 260.

etwas" als Subjekt einer metaphysischen Aussage „Etwas existiert" zu ergänzen wäre.[31] Sie soll vielmehr anzeigen, daß wir es hier weder mit metaphysischen Thesen („das Sein ist", „Wirklichkeit ist") noch mit logischen Prämissen („Seiendes ist") zu tun haben, sondern mit den beiden Möglichkeiten der Aussage.[32] Als Beispiele solcher Aussagen mag man sich Sätze denken wie: es ist Tag, das Meer ist grau, es ist nicht warm. Man hat bemerkt, daß die darauf aufgebauten Schlüsse aus einer Verwechselung des prädikativen „ist" (der Kopula) mit dem existentialen „ist" hervorgegangen seien, indem jede Aussage auf einem „ist" beruhe, aus diesem „ist" aber keine Existenz folge.[33] Zugegeben, daß Parmenides über den Unterschied noch nicht reflektiert hat. Aber bemerkenswerter ist, daß der Sinn von „sein" weder auf die Kopula noch auf die Existenzaussage[34] zu reduzieren ist. Der Satz: es ist Tag, bedeutet für Parmenides, daß Tag seiend ist; „sein" heißt „seiend sein". Dasselbe gilt von Prädikationen: auch in ihnen wird das Prädikat selber – das Grau des Meeres, die Wärme der Luft – als ein Seiendes gesagt. Das „ist", welches man ein *substantiales* nennen kann, bezeichnet ein ursprüngliches Wahrsein; Wahrheit besteht nicht in der Richtigkeit der Verbindung zweier Begriffe, sondern in dem Zusagen eines Seienden.

So ist denn auch die „Wahrheit" des Satzes „es ist" (2.4) nicht so sehr vorwegnehmendes Urteil über die Richtigkeit des ersten Weges; die Aussage über den zweiten (2.6) noch nicht das Urteil über seine Falschheit: auch sie ist eher eine Wesensbestimmung, sofern der eine ein Seiendes sagt, der andre – „daß etwas nicht ist" – „gar keine Erfahrung einbringt" (παναπευθής).[35]

31 So Loenen 12.

32 Vgl. Calogcro (1) 18, Owen 94 A. 1.

33 So Calogcro (1) 4ff., Kirk-Raven 269.

34 So Tarán 36, Fränkel (3) 402ff.

35 Zur Übersetzung vgl. 74.

Damit ist gesagt, daß der zweite Satz nicht aus dem ersten gefolgert wird[36], der erste nicht Prämisse ist, von der die folgende Argumentation ausginge. Der Satz: „es ist", ist dem Parmenides so wenig Prämisse, daß er vielmehr glaubt, ihn beweisen zu müssen. Schon das verbietet jede tautologische Übersetzung. Das Sichere, von dem Parmenides ausgeht, ist nicht eine These und die Unmöglichkeit ihres Gegenteils; der Ausgangspunkt ist die *Disjunktion*, die als kontradiktorische erschöpfend und damit wahr ist. „Es gibt nur zwei Möglichkeiten" (2.2): das ist die Prämisse eines Beweisganges, der über die Ausschließung der zweiten Möglichkeit zum Beweis der ersten gelangt. Die Form des Disjunktivbeweises wird von Parmenides ebenso bei der Bestimmung des Seienden angewendet, in Fragment 8.6–21.

Der Beweis folgt also zunächst der zweiten Möglichkeit: daß etwas nicht ist. Sie wird mit Hilfe einer zweiten Prämisse ausgeschieden: weil „das, was gar nicht ist"[37], „nicht wahrgenommen und nicht aufgewiesen" werden könne. Man mag wieder an Sätze denken wie: es ist nicht heiß, das Meer ist nicht grau. Das Gesagte und Erkannte muß ein Seiendes sein. Das Nicht-Heiße, das Nicht-Graue ist kein Seiendes. Das Argument impliziert, daß nur Seiendes erkannt werden kann. Sein ist die Bedingung des Erkennens. Wenn nun das Argument: „Du kannst es nicht *erkennen*", gegen den Satz vorgebracht wird, daß etwas „nicht *ist*", dann wird auch umgekehrt die Erkennbarkeit zum Kriterium des Seins. Nur was man erkennen kann, kann sein. Das ist aber genau die Aussage des Fragments 3:

Fr. 3 „Denn dasselbe kann erkannt werden und kann sein."[38]

[36] Gegen Mansfeld (1) 60, der in V. 4 als Subjekt „das Nichtseiende" annimmt.

[37] Der Artikel beim Partizip dient hier nicht der Substantivierung, sondern hebt verallgemeinernd den Prädikatscharakter hervor: „ein" oder „etwas (nicht Seiendes)", vgl. Fr. 4.2.

[38] Verdenius (1) 34 bestreitet zu Unrecht, daß diese Übersetzung

Es ist die Prämisse der vorhergehenden Begründung und läßt sich daher unmittelbar an Fragment 2 anschließen.[39]

Der Satz darf als das Grundaxiom der parmenideischen Philosophie gelten. – Allerdings wird er häufig ganz anders aufgefaßt: als die Identität von Denken und Sein ausdrükkend. Wie diese Interpretation aus dem spätantiken Platonismus stammt[40], ist sie in neuerer Zeit vor allem von seiten der erkenntniskritischen Philosophie vorgetragen worden. Tatsächlich kann sie den idealistischen Konsequenzen nicht entgehen, die Hegel daraus zieht[41], welcher auch zuerst diesen Satz mit der sophistischen Erkenntniskritik zusammengerückt hat. Jeder Versuch, solche geschichtliche Konfusion dennoch zu vermeiden, hat philologische Ungenauigkeiten in den Kauf nehmen müssen.[42] Daher seien hier zwei Bemerkungen zur Übersetzung gemacht.

Erstens: die Formulierung „es *kann* sein" bezeichnet nicht eine Möglichkeit ad libitum[43]; der griechische Ausdruck besagt vielmehr: „es *ist* so, daß es *ist*", und bedeutet eine Wesensbestimmung. Dieser Sinn[44] ist im folgenden streng festzuhalten.

Zweitens: das griechische Wort für „erkennen", νοεῖν, bezeichnet nicht nur das rezeptive Wahrnehmen, sondern zugleich das verstehende Denken einer Sache mit unserer

(zuerst von Zeller I 687 A. 1 vertreten) den Satz impliziert „Nur das, was sein kann, läßt sich denken" (so Zeller; richtiger: „nur was gedacht werden kann, kann sein"). Vgl. Hölscher (1) 94ff. Dagegen Mansfeld (1) 63ff.

39 Verdenius (1) 33. Mansfeld (1) 80ff. schiebt dazwischen ein: „also kann nur das Seiende gedacht werden".

40 Siehe Testimonium zu Fr. 3 in VS.

41 Vorl. über d. Gesch. d. Phil. I 342 (Jub.-Ausg. Bd. 17).

42 Siehe Hölscher (1) 94.

43 Dies Mißverständnis z.B. bei Verdenius (1) 36.

44 Über den das Deutsche nur in Wendungen wie „es ist zu denken" verfügt; Guthrie II 14 „is for thinking and for being".

Vorstellungskraft, dem Nous („Verstand").[45] Wir müssen es daher oft mit „denken" übersetzen. Der Nous ist aber ein erkennendes Denken, das heißt für Parmenides: ein Denken von Seiendem. Ein Denken von Nichtseiendem bedeutet dem Griechen: Falsches denken, und also überhaupt nicht „denken". Denken ist nicht „ausdenken". Das später, von der Sophistik an, oft diskutierte Problem der Existenz einer Vorstellung oder der Vorstellbarkeit eines Nichtexistenten[46] liegt ganz außerhalb des hier Gemeinten. Es handelt sich vielmehr um die Denkbarkeit – und also die Möglichkeit – des Nichtseins, in dem oben erläuterten Sinne von „seiend-sein".

Wenn nun Parmenides fragt, „welche Wege allein zu denken sind", so sind das nicht nur hypothetische Möglichkeiten, sondern die beiden wirklichen Möglichkeiten, vor die das Denken sich gestellt sieht, und wie er sie an späterer Stelle als Alternativwahl des Denkens wiederholt: „Es ist, oder es ist nicht" (8.16). Der zweite Weg wird, wie ich meine, nicht als „völlig unerkundbar", sondern als „nichts erkundend" verworfen. Das Falsche dieses Weges liegt darin, daß er zu keinem Ziel führt, daß er „nicht mit Erfolg zurückzulegen ist" (2.7), da er „keinerlei Erfahrung einbringt". Der zweite Weg unterscheidet sich in bezug auf seine Denkbarkeit durchaus von dem dritten, der kein Denken, sondern ein Irren ist, und dessen Aussage des Widerspruchs durchaus nirgends zugelassen wird – während die Aussage „es ist nicht" schon im Satz des ersten Weges, als Negation der Negation, steht: „es ist nicht (möglich), daß nicht ...", und dann bedeutend am Schluß des Beweises wiederkehrt: „Nichts ist nicht".

Fr. 6, 1–2 Damit aus dem Satz: „das Nichtseiende kann man nicht denken" (2.7), dieser Satz folgt: daß „Nichtseiendes nicht ist" (6.2), scheint nur ein Glied in der Beweiskette zu fehlen, nämlich: *daß nur das Denkbare ist*, das heißt, Fragment 3. Die drei Fragmente würden sich so zu einem lückenlosen Be-

[45] Siehe von Fritz (2).

[46] Gorgias (VS 82) Fr. 3 § 79.

weis zusammenschließen[47] – ob sie auch im Text lückenlos anschlossen, ist nicht auszumachen. Der Beweis hat die Form der Dichotomie, wie sie Parmenides dann wieder bei der Bestimmung des Seienden (8.6–21) anwendet.

2.2	Prämisse A:	Exklusiv-Disjunktion
2.3		I „es ist“
2.5		II „es ist nicht“
2.6ff.	Exklusionsbeweis gegen II:	
2.7	Prämisse B¹:	Nicht-seiendes kann nicht gedacht werden (folgend aus:)
3	Prämisse B:	denn dasselbe kann gedacht werden und sein. (Daraus folgend:)
6.1	Prämisse B²:	Seiendes (weil denkbar) kann sein.
6.2	Konklusion (C) aus B und B¹:	Nichts ist nicht.
8.2	Konklusion (D) aus A und C:	(Seiendes) ist.

Hiernach ist das Ergebnis des Ausschließungsbeweises der Satz, mit dem er schließt (6.2): „Nichts (d.h. was nichts ist) *ist* nicht“[48] – hervorgehoben noch durch die abschließende Erklärung: „das nimm dir zu Herzen!“ Er wird, zusammen mit der Prämisse A, wiederum zur Prämisse des ganzen Disjunktivbeweises, der aber erst am Anfang des Fragments 8 geschlossen wird.

Darf die Form des Beweises, trotz dem fragmentarischen Bestand des Textes, für sicher gelten, so bleiben Zweifel über den Sinn des Einzelnen wie des Ganzen. Nach dem gegebenen Schema würden die Sätze des Anfangs: „es ist“ und „es ist nicht“, am Ende ihre substantiellen Subjekte erhalten, und der ganze Beweis erscheint so als eine Suche nach den Subjekten der anfangs noch leeren Aussageformen. Es muß aber bemerkt werden, daß gerade in der Hauptkonklusion im 8. Fragment der entschiedene Satz in seiner „subjektlosen“

[47] Vgl. Verdenius (1) 35.

[48] Andere Analysen des syllogistischen Beweisganges bei Verdenius (1) 37ff. und Mansfeld (1) 56ff., 80ff.

Form wiederkehrt: „es ist“ (8.2). Er muß also in dieser Form die Substanz des von Parmenides Gemeinten enthalten. Das heißt aber, daß in Fragment 6.1, wo der Satz schon in seiner Form „mit Subjekt“ vorkommt: „daß Seiendes ist“[49], es nicht um die Bestimmung des noch fehlenden Subjekts gehen kann. Der Satz gehört hier vielmehr in die Bestreitung negativer Aussagen: es wird im Gang des Beweises die Klärung darüber herbeigeführt, was mit den beiden Sätzen der disjunktiven Prämisse (2. 3–5) eigentlich gesagt ist: das Sein eines Seienden mit dem ersten, das Sein eines Nichtseienden mit dem zweiten – und das zu sagen und zu denken, ist unmöglich. An sich könnte daher der Schlußsatz (6.2) auch übersetzt werden: „ein Nichts *kann* nicht sein“[50]; doch gehört er in dieser Form eher noch in die *Argumentation* gegen das Nichtseiende, und könnte so zwischen Fragment 3 und 6 seinen Platz gehabt haben; während das abschließende und „zu beherzigende“ Ergebnis (6.2) doch wohl heißen muß: „Nichtseiendes *ist* nicht“.

6, 3–9 Zwischen die Ausschließung der Möglichkeit, daß etwas „nicht ist“, und die Konklusion „es ist“ schiebt sich die Warnung noch vor einem anderen Weg, der unter den „denkbaren“ nicht mit angekündigt war, und um den es doch bei jener Ausschließung eigentlich geht: vor dem Weg „der Sterblichen“. Dieser Weg der Sinnlichkeit, nach dem Weg des Nichtseins der „zweite“, vor dem die Göttin warnt (6.4), ist also der dritte unter den wählbaren; als „dritter Weg“ wird er in der wissenschaftlichen Diskussion benannt und soll auch hier so heißen.[51] Ein Drittes sollte es freilich nach dem logi-

[49] Die von Engländern vorgezogene Übersetzung „Was man sagen und denken kann, muß sein“ – grammatisch möglich, aber etwas schwierig – paßt in den Syllogismus fast noch besser. Vgl. Hölscher (1) 98.

[50] So Burnet 159, Kirk-Raven 270, Guthrie II 20.

[51] Diejenigen, die in dem „dritten Weg“ die Lehre Heraklits oder anderer Philosophen erblicken, erkennen die „Meinungen der Sterblichen“ in dem „zweiten Weg“, der demnach darin bestünde, „daß es

schen Schema des Disjunktivbeweises gar nicht geben. Aber eben dies ist offenbar die logische Funktion des dritten Weges: die des tertium exclusum.[52] Hier wird nicht, wie bei dem zweiten, und dann bei dem ersten Weg, einem Gedanken argumentierend nachgegangen; dieser Weg, auf dem die Sterblichen schwanken, ist nicht „zu denken" (2.2), er ist eine haltlose Irrfahrt. Wie sie hier benannt werden: unwissend, ohnmächtig, taub und blind, urteilslose Haufen, macht deutlich, daß die Menschen in ihrer Allgemeinheit, nicht bestimmte philosophische Gegner gemeint sind.[53] Es sind die Attribute, mit denen in archaischer Dichtung das menschliche Wesen dem göttlichen entgegengesetzt wird.[54] Dahin gehören auch die Prädikationen des Irrens, Treibens, Umkehrens. Schließen sich die alten Lyriker und Elegiker in dieses Menschenwesen als das allgemeine Schicksal mehr oder weniger ein, so gehört es zur Geste des archaischen Philosophen, daß er sich von allen als der Eine ausnimmt. Die alte Topik nimmt den Ton des Stolzes und der Verachtung an. Zugleich wird sie nach den besonderen philosophischen Motiven akzentuiert: bei Heraklit nach der Paradoxie des „offenbaren Geheimnisses" des Logos („hörend sind sie wie Taube"), bei Empedokles nach dem Muster der Einweihungen („nicht geschaut von den Menschen noch gehört..."').[55] Bei Parmenides bekommen die traditionellen Prädikate der „Blindheit" und „Taubheit" den präzisen erkenntniskritischen Sinn und sind nicht zu trennen von den gleich folgenden Ausdrücken „nichts erblik-

auch Nichtseiendes gebe" (Kranz (1) 1173 f. nach Diels (1) 69; ähnlich Schwabl (1) 66 f., Tarán 76 f.); während der dritte nur einen Nebenweg des zweiten darstelle.

52 Schwabl (2), Anz. 1956, 147.

53 Nach Reinhardt 68 ff.: Verdenius (1) 56, Gigon (1) Unters. z. Heraklit 32, Jaeger 101 A. 36, Fränkel (3) 404, Mansfeld (1) 32, Guthrie II 23.

54 Mansfeld (1) 3–32.

55 Heraklit (VS 22) Fr. 34, Empedokles (VS 31) Fr. 2.

kendes Auge" und „dröhnendes Ohr", mit denen die menschliche Sinnlichkeit generell charakterisiert ist (Fr. 7). Zu den bildlichen Prädikationen tritt die erläuternde philosophische: „für die Menschen gilt Sein und Nichtsein dasselbe und nicht dasselbe, gibt es bei allem einen umgekehrten Weg".

Dieser Satz galt und gilt noch manchem Interpreten als eine polemische Formulierung der Lehre Heraklits[56], womit die Worte über die „Sterblichen" zu einer Invektive gegen eine einzelne Philosophenschule würden. Zumal das Wort von dem „umgekehrten Weg" schien direkt auf ein Heraklitwort anzuspielen: „zurückkehrende Fügung wie bei Bogen und Leier"[57]. Das Wort ist jedoch bei Heraklit nicht sicher; eine andre Überlieferung besagt: „zurück*gespannte* Fügung" – und die Spannung scheint genauer zum Bild von Bogen und Leier zu gehören, während das Bild des Weges die „Umkehr" fordert.[58] So liegt eine Übereinstimmung vermutlich gar nicht vor. In jedem Fall gehört auch das Motiv der Umkehrung zu den alten Topen von der Wechselhaftigkeit des Schicksals, und erhält hier seine philosophische Prägnanz als das Bild, worunter aller Wechsel von Werden und Vergehen verstanden wird. Von der heraklitischen Lehre der Koinzidenz der Gegensätze ist hier keine Rede.

Dasselbe gilt von der „Identität von Sein und Nichtsein". Auch sie ist auf Heraklits Formulierung bezogen worden:„In dieselben Flüsse steigen wir ein und steigen wir nicht ein, wir sind und sind nicht"[59]. Aber das Paar „Sein und Nichtsein"

[56] Nach Bernays, Ges. Abh. I 62 A. 1: Diels (1) 68, Burnet 165, Kranz (1) 1174, Mansfeld (1) 41 (anders 32), Tarán 62, 69. Bestritten von Reinhardt 200ff., Stenzel 56f. Polemik gegen die gesamte ionische Philosophie nimmt Schwabl an.

[57] Heraklit (VS 22) Fr. 51.

[58] Siehe Zeller I 2, 827, Burnet 120 A. 3, Gigon (1) Unters. z. Her. 23, Snell Heraklit 18, Verdenius (1) 78, Kirk Heraclitus 203, 210–216.

[59] Heraklit (VS 22) Fr. 49a. Die Authentizität des Wortlauts ist bestritten von Gigon (1) Unters. z. Her. 33, 106f. und Kirk Heraclitus 373f.

kehrt zusammen mit „Werden und Vergehen“, „Ortswechsel und Farbveränderung“ in der summarischen Aufzählung der Phänomene der Sinnlichkeit am Ende des ersten Teiles (8.40) wieder, wo die Beziehung auf eine fremde Lehre ausgeschlossen ist. Um die parmenideische Interpretation der Sinnlichkeit handelt es sich also auch hier. Sie besagt, daß in den Erfahrungsurteilen der Menschen sowohl Sein als Nichtsein eines Wesens angenommen werde. Hierbei kann sowohl an negative Urteile („etwas ist nicht …“) wie an bestimmte Prädikationen (die das Nichtsein des Gegenteils implizieren) gedacht sein, vor allem aber an alle Aussagen von Vorgängen („ein Seiendes wird etwas Anderes …“). Daß dabei eine eigentliche Identität – und Nicht-Identität! – von Sein und Nichtsein gemeint sei – wie es allerdings allgemein verstanden wird – bezweifle ich[60]: das hier gebrauchte Verb „gelten“ heißt in der älteren Sprache noch nicht „für etwas gehalten werden“, sondern „in Brauch und Geltung sein“[61]. Daß Sein und Nichtsein bei den Menschen gleiche Geltung – und andrerseits nicht die gleiche Geltung haben, ist ohne weiteres verständlich. Von dieser Widersprüchlichkeit bekommen die Prädikationen des „Schwankens“, des „Doppelköpfigen“, der „Unentschiedenheit“ ihren präzisen Sinn. „Dahintreiben“ wird noch bei Platon das Stichwort der sinnlichen Erscheinungswelt sein.[62]

Von der Widerlegung dieses „Weges der Sterblichen“ ist Fr.7
nur ein Satz erhalten, der Anfang des 7. Fragments.[63] Er scheint sich einfach auf die Widerlegung des zweiten Weges zu berufen: daß Nichtseiendes nicht ist. Die Widerlegung des dritten Weges geschähe demnach dadurch, daß von der Doppelposition von Sein und Nichtsein das letztere als be-

60 Mit anderer Erklärung schon Reinhardt 87 A. 1.

61 Siehe Heinimann, Nomos und Physis 74ff.

62 Kratylos 411 b–c, 7. Brief 325e, vgl. Phaidon 79c.

63 Guthrie II 21, Mansfeld (1) 91, 92 A. 1 schließen Fr. 7 unmittelbar an 6 an. Doch scheint mir 7.1 nicht das Ende von Fr. 6 zu begründen.

reits widerlegt aufgehoben wird; und der dritte Weg selber bestünde in der irrigen Kombination des zweiten mit dem ersten Weg.[64] Das ist möglich. Aber die Argumentation, soweit sie aus dem einen Vers noch zu erkennen ist, scheint noch eine bestimmtere Beziehung auf die besondere Denkweise des dritten Weges zu haben, nämlich auf die Kategorie der Veränderung. In der hier vorgelegten Übersetzung besagt der Satz, daß „Nichtseiendes nicht zum Sein gezwungen werden kann". Dies eben wäre nach Parmenides das Phänomen des Werdens. Daß es sich an dieser Stelle um die Vielheit der dinglichen Welt, nicht mehr um die Analyse des Nichtseienden[65] handelt, zeigt auch der Plural an, in dem hier von „Seiendem" geredet wird.

Die folgenden Verse sprechen bereits die abschließende Warnung aus, wobei, wenn es noch nötig wäre, deutlich wird, was mit dem dritten Weg ausgeschlossen wurde: das Vertrauen auf die sinnliche Erfahrung und den Trug der Sinne. Ihnen gegenübergestellt wird das logische Denken als Urteilsinstanz.

Den bisherigen Teil der Rede nennt die Göttin „Widerlegung", und kennzeichnet damit seine Funktion in dem Disjunktivbeweis. Widerlegt ist das Sagen und Denken des Nichtseins; widerlegt ist der Gewohnheitsglaube der Sinne an Sein und Nichtsein. Bewiesen ist, als das allein Übrigbleibende, die Aussage des ersten Weges: es ist.

Fr. 8, 1–4 Das Bild des Weges wird beibehalten, ja kommt erst jetzt eigentlich zur Geltung, da der Weg beschritten wird: „Kennzeichen", die „zahlreich an dem Wege stehn", sind die Wegmarken des Seienden, an denen das Denken, vom einen zum anderen, fortschreitet. Weg, Gang der Rede und des Den-

64 So Reinhardt 36 ff. Dagegen Schwabl (1) 69.

65 Nach Reinhardt 45 f. gehörte 7.1–2 zum „zweiten Weg", vor Fr. 6. Auch Fränkel (3) 404 A. trennt die beiden Verse vom Rest des Fragments.

kens werden eins. Es fällt auf, wie gesagt[66], daß der Begriff des Seienden hier nicht als Gewinn und Ergebnis des Beweises formuliert und herausgestellt wird, statt dessen der Satz des ersten Weges nur in seiner subjektlosen Form wiederkehrt: es ist. Daraus geht hervor, daß im nächsten Satz das „Seiende“ noch unterminologisch gebraucht wird und lediglich die Aussage, „daß es ist“, aufgreift, in dem Sinne: „wenn es ist“ … („dann ist es ungeworden“ etc.). Das Seiende tritt vielmehr erst im Laufe der folgenden Deduktion schrittweise in seiner Substantialität hervor, indem es seine einzelnen Kennzeichen auf sich vereinigt. Diese werden zunächst einfach und ohne Begründung aufgezählt: 1) ungeworden und unvergänglich, 2) ganz und „ein-artig“, 3) unerschütterlich und „nicht ohne Vollendung“. Mit dem Folgenden: „Und weder war es einmal, noch wird es (einmal) sein, da es jetzt ist …“ tritt man bereits in die Argumentation für das erste Prädikatspaar ein. Blickt man von hier aus auf den folgenden Beweisgang voraus, so lassen sich in seinen drei Deduktionen (v. 5–21, 22–25, 26–33) offenbar die „Kennzeichen“ der anfänglichen Aufzählung, wörtlich oder in Synonymen, wiederfinden. Seine Disposition entspricht der Ankündigung. Das heißt aber, daß auch von den später gewonnenen Prädikationen her die Prädikate der Ankündigung interpretiert werden dürfen. „Einartig“ heißt das Seiende nicht, um ein Zweites auszuschließen, sondern als ein Homogenes, Einheitliches (v. 22–25). Sodann ist die doppelte Negation im Prädikat „nicht unvollendet“ (8.4), gegen den überlieferten Text, vom Wortsinn und vom Schluß des Beweisganges gefordert, weil sonst etwas Bewiesenes (8.30ff.) nicht angekündigt wäre; auch weil eine ganz uneinsichtige Verwirrung und Doppelung in der Ankündigung entstünde.[67]

Die erste Deduktion, die auf die Bestreitung von Werden 8, 5–11
und Vergehen hinausläuft (8.21), geht vom reinen Begriff des

[66] S. oben 74f.

[67] Owen 102.

Seins als Gegenwärtigkeit aus – wobei mit der zeitlichen Einheit im „Jetzt“ auch die räumliche Einheit des Kontinuums gleich mitgedacht wird, die zur zweiten Prädikation gehört. Mit der Negation von Vergangenheit und Zukunft wird nicht etwa die Dauer des Seienden negiert und auf ein zeitloses Jetzt beschränkt[68], negiert wird vielmehr das Vergangensein und das Zukünftigsein des Seienden. Die ewige Dauer des Seienden wird nachher ausdrücklich ausgesprochen (8.30 u. 36).

Der Beweis beginnt mit der Frage, die das erste Prädikat aufnimmt: Welcher Ursprung des Seienden wäre denkbar? Die Frage selber, mehr noch ihre erläuternde Wiederholung: „wie und woraus gewachsen?“ verlangt doch wohl die Prüfung und Ausschließung wenigstens zweier Möglichkeiten[69]; sähe Parmenides überhaupt nur die eine Möglichkeit des Werdens, nämlich die aus Nichtseiendem, so müßte diese, als die einzige, ganz anders eingeführt werden, als es geschieht. Den zwei Möglichkeiten entspricht auch das überlieferte „Weder ...“, dem Vers 12 mit „Auch nicht ...“ antwortet.

Die beiden Möglichkeiten sind: Werden aus Nichtseiendem, und Werden aus Seiendem[70]: mehr Möglichkeiten gibt es nicht. Die kontradiktorische Disjunktion, die Parmenides schon im zweiten Fragment anwendete, tritt hier in die Funktion des totalen Ausschließungsbeweises. Die beiden Möglichkeiten sind aber nicht nur logisch-theoretischer Art, sondern entsprechen dem zweierlei Sinn, in dem „werden“ landläufig gesagt wird: erstens im strikten Sinn des Entstehens, wie: „es wird Licht“, zweitens im Sinn der Veränderung, wie: „er wird alt“. Es wäre ganz unwahrscheinlich, daß Parmenides den zweiten Fall überhaupt nicht bedacht hätte.

[68] So Untersteiner 134, 181, Guthrie II 29, Mourelatos 110ff.; dagegen Tarán 175ff. Die Dauer des Seienden wird vorausgesetzt Fr. 8.9f., 36f. Vgl. unten Anm. 80.

[69] Das heißt in Vers 12 ist mit Reinhardt 42 „aus Seiendem“ zu lesen.

[70] Wir legen Reinhardts Konjektur zugrunde.

Die erste Möglichkeit: Entstehen aus Nichtseiendem, wird mit zwei Gründen abgewiesen: 1) wegen der Undenkbarkeit des Nichtseienden, 2) wegen des fehlenden Grundes für den Wechsel vom Nichts zum Sein in einem beliebigen Zeitpunkt. In der abschließenden Alternative: Sein oder Nichtsein – konsequent nur aus dem zweiten Argument entwickelt – ist das Nichtsein nicht als wirkliche Möglichkeit gemeint. Das entscheidende Ergebnis ist: Sein oder Nichtsein, und nichts dazwischen! Das heißt: die Ausschließung des Werdens.

Die zweite Möglichkeit wäre: Werden aus Seiendem[71], so 8, 12–21
daß etwas Anderes wird. Der griechische Ausdruck scheint zuerst zu bedeuten „etwas neben dem Seienden". Aber die Argumentation richtet sich nicht gegen „ein Anderes neben dem Seienden" – sie müßte argumentieren: neben dem Seienden gibt es nichts Anderes; aber das spielt hier keine Rolle – sie richtet sich vielmehr gegen das Werden selber. Dike, das heißt die Richtigkeit der Konsequenz, oder die Logik des Wesensnotwendigen[72], verhindert es, daß „Seiendes" „wird", und ebenso – womit die erste Prädikation jetzt vollständig wird – daß es „vergeht". Der Ausdruck „etwas außer ihm" bedeutet also nicht „etwas Zweites", sondern „etwas über es hinaus", und bezeichnet damit den Prozeß des Werdens selber: aus Seiendem kann nichts Anderes werden.

Der Gedanke hat, an dieser gefährlichsten Stelle, nichts als die „Richtigkeit" für sich. Darum beruft er sich auf die allererste Wegentscheidung und bekräftigt noch einmal, daß sie „notwendig" und „richtig" war, um ganz sicher zu gehn auf dem Weg des „Seins". „Sein" wird jetzt beim Wort ge-

[71] Daß es sich um diesen Fall handelt, erkennen auch diejenigen an, die „Werden aus Nichtseiendem" (s. Note zum griech. Text Fr. 8.12) lesen, Gadamer (1) 63, Mourelatos 100 ff. Sie kommen dann in die Lage, in der Formulierung des zweiten Falles selber bereits seine Widerlegung sehen zu müssen: Veränderung oder Wachsen wäre per se ein „Werden aus Nichtseiendem", was unmöglich sei: siehe 1. Beweis …

[72] Siehe Fränkel $(1)^2$ 165.

nommen; das beim Wort genommene Seiende ist das von Dike „gefesselte“:

Wenn es also „ist“, „wie könnte es dann vergehn!“[73] – das logische „dann“ (die Kondition des „Seins“ implizierend) ist in der Argumentation kaum zu missen. Vergehen schließt Nichtsein ein. Demgegenüber erfährt das Werden eine speziellere Widerlegung, da es zwei Aspekte hat, nach der Vergangenheit und nach der Zukunft. Von beiden hat der letztere die einfachere Evidenz: Ein Werdendes, das künftig einmal sein wird, ist nicht „seiend“. Der Widerspruch in der anderen Kondition ist schwerer zu fassen. Mit „Wenn es wurde“ wird nicht das Gewordensein ins Auge gefaßt – das Nichtsein des Gewordenen wäre noch nicht evident. Zugrunde liegt vielmehr noch immer der zweite Fall der Disjunktion: daß ein Seiendes etwas Anderes wird. Neben dem Werden in die Zukunft hier also das Werden aus der Vergangenheit: Dasjenige, das etwas „wurde“, ist kein „Seiendes“. Das beim Wort genommene Seiende schlägt Werden und Vergehen aus dem Felde.

8, 22–25 Auch die folgenden Prädikationen schließen sich alle an den im ersten Beweis zugrunde gelegten strikten Seinsbegriff an und gehen aus ihm hervor: nach der Widerlegung der zeitlichen Diversität die der räumlichen. Es kann kein Zweifel sein, daß Parmenides mit dem „mehr“ oder „weniger“ Seienden die Phänomene des Festen und Dünnen, letztlich aber alle sinnliche Verschiedenheit überhaupt im Auge hat.[74] Indem er Verschiedenheit als Gradunterschiede des Seins versteht, wird sie am Begriff des Seins selber zunichte.

[73] Die Lesung „Wie könnte es später sein?“ (s. Note zum griech. Text) läßt die geforderte Antithese zur zweiten Frage vermissen. Mourelatos 101 ff., der in 14 ff. den Beweis gegen „Zunahme“ erblickt, läßt mit V. 19 einen dritten Beweis gegen Veränderung schlechthin beginnen.

[74] Die Beziehung auf zeitliche Kontinuität, Owen 93, 97, Untersteiner 149, überzeugt mich nicht.

Der Begriff des Vollen scheint mir den Begriff des Leeren zu fordern, wie er dann von den Nachfolgern physikalisch entwickelt worden ist.[75] Bei Parmenides begegnet er jedoch noch nicht; mag er im Begriff des Nichtseins mitenthalten sein, so herrscht doch der logische Aspekt vor: mit der „Fülle" des Seienden ist Verschiedenheit, und das heißt: Vielheit ausgeschlossen. Weil es „Eines" ist (8.6), das heißt „gleichartig" (8.22), ist es „ungeteilt" – das Problem der Teil*barkeit* ist hier offenbar noch nicht gestellt.[76]

Das Folgende ist durch einen gewissen sprachlichen Ab- 8, 26–33
satz markiert, auch durch die zunehmende Bildlichkeit der Sprache. Das Prädikat der Unbeweglichkeit scheint durch die folgenden: „anfanglos", „endelos", mehr erklärt als ergänzt zu werden; wie denn auch die anschließende Begründung auf die Widerlegung von „Werden" und „Vergehen" (d.h. eben „Anfangen" und „Enden") zurückverweist. Das bedeutet, daß „unbeweglich" hier vor allem die Unveränderlichkeit meint.[77] Andrerseits geht aus dem alsbald folgenden Korollar über die sinnlichen Prädikationen (8.41) hervor, daß außer der Verwandlung auch die räumliche Bewegung als widerlegt gilt. Das Prädikat der Unbeweglichkeit hat also bereits die Bedeutungsbreite, in der bei Aristoteles das Phänomen der „Bewegung" gesehen wird. Eine eigene Widerlegung der Ortsveränderung fehlt durchaus; das heißt, daß sie dem Parmenides als ein Prozeß der Veränderung mit den ontologischen Argumenten widerlegt erscheint.[78] Die Unveränderlichkeit ist es, die zu dem entscheidenden positiven Prädikat führt, das allen bisherigen Prädikationen als der gemeinsame Begriff innewohnt: dem Begriff der Identität.

75 Eleatisch negativ: Empedokles (VS 31) Fr. 17.33, Melissos (VS 30) Test. 8; positiv: Leukipp (VS 67) Test. 6, Pythagoreer (VS 58) Test. B 30.

76 Vgl. Calogero (2), Ann. Scuola Sup. Pisa II 5 (1936) 168.

77 Siehe Fränkel (1)^2 194. Anders Guthrie II 36.

78 Siehe Kirk-Stokes, Phronesis 1960, 2.

Der sprachliche Ausdruck bleibt in der räumlichen Kategorie des „Unbewegten“: „am selben (Platz) verharrend“. Die Phrase gehört der Umgangssprache an und wurde schon da im weiteren Sinne, und besonders in der Negation von der Unbeständigkeit der menschlichen Dinge gebraucht.[79] Das Begriffliche tritt erst hervor, indem Parmenides das „Selbe“ in der Form der Anapher herauszieht: „Als Selbiges im Selbigen verharrend“. Es bekommt damit die Bedeutung der unveränderlichen Dauer. Ich sehe keinen Grund, das parmenideische Seiende für zeitlos zu halten.[80]

Nicht vom Seienden, als dem Selbigen, sondern von der Gottheit hatte Xenophanes diesen Ausdruck gebraucht: daß er „immer an der selben Stelle verharre, ohne sich zu bewegen“. Die Übereinstimmung ist für Abhängigkeit in der einen oder anderen Richtung genommen worden.[81] Xenophanes hatte den Ausdruck ganz handgreiflich gemeint[82]:

> „Es ziemt sich für ihn nicht, bald hier bald dahin zu gehen; sondern ohne Anstrengung bloß mit dem Denken des Geistes erschüttert er alles.“

So wenig dieser Gott des Xenophanes die ontologischen Qualitäten der Identität und Unveränderlichkeit besitzt, so wenig hat das parmenideische Seiende mit den theologischen Prädikationen der Allmacht zu tun. Die Übereinstimmung des Ausdrucks bedeutet bei der Geläufigkeit der Wendung wenig. Wahrscheinlich ist beides voneinander unabhängig.

Anders ist es schon, wenn der sizilische Komödiendichter Epicharm (in den siebziger Jahren des Jahrhunderts)

[79] Herodot I 5 vom Glück, das „niemals im selben (Zustand) dauert“.

[80] Und also auch keinen Einwand gegen Fränkels Lesung „wird verharren“ (1)² 191 A. 1. Siehe oben 81 f. und Anm. zur Übers.

[81] Dem doxographischen Schema folgend (s. S. 53) gilt den meisten Parmenides als der abhängige. Das umgekehrte Verhältnis nimmt Reinhardt (124) an.

[82] VS 21 Fr. 26 und 25.

dieselbe Wendung im Zusammenhang einer komisch-philosophischen Argumentation gebraucht: in der Ausrede des Schuldners, der seinem Gläubiger beweist, daß er nicht mehr „derselbe" sei[83]:

> „Was sich in seinem Wesen ändert und niemals im selben verharrt, das ist ja denn wohl etwas anderes als das Veränderte."

Wie bei Parmenides, so ist auch hier mit dem „selben" die Kategorie der Veränderung gemeint. Auf den Begriff der Veränderung, nicht der Bewegung, zielen auch die Phänomene des Wachsens und Schwindens, aus denen sich das Argument des komischen Beweises nährt. Die Verwandtschaft mit dem parmenideischen Beweis gegen das Werden ist kaum zu verkennen. Allerdings sind die Epicharmverse lange auf die – mißverstandene – heraklitische Flußlehre bezogen worden. Doch hat Heraklit nicht gelehrt, daß wir im „Fluß der Dinge" niemals dieselben seien, sondern das gerade Gegenteil: die Koinzidenz der Gegensätze, die Identität im Wechsel.[84] Dagegen gehört die Anschauung der sogenannten Herakliteer vom unaufhörlichen Wechsel zur eleatischen Schuldoktrin über die sinnliche Welt.[85]

Wenn demnach die Komödie Epicharms eine Parodie auf parmenideische Argumentationen darstellt, so ist der Schluß erlaubt, daß das „Selbige", als Prädikation des Seienden, in der Negation auch bei Parmenides für die Welt des Scheins galt, und dort vielleicht seine eigentliche Anwendung fand: der Schein ist „nie derselbe", er ist „was nie im selben Zustand verharrt".

In der Negation der sinnlichen Phänomene ist, wie gesagt, mit dem Begriff der Identität immer die Bewegungslosigkeit mit gemeint. So wäre es denkbar, daß der Ausdruck „als

83 VS 23, Fr. 2.9.

84 Siehe Reinhardt 120.

85 Es ist die Lehre des Kratylos vom „Fluß aller Dinge", die Platon als seine Auffassung von der Sinnlichkeit aufgreift.

Selbiges im Selbigen verharrend“ zur Identität die Kategorie der Unbewegtheit im Raum hinzufügt. Dafür scheint der Begriff der „Grenze“ zu sprechen, mit dem sie begründet wird. Es ist eine dreifach gestufte Begründung: es muß „verharren“, weil Ananke es in Fesseln einer Grenze hält; die Grenze umschließt es, weil das Seiende „nicht unvollendet“ sein darf; es darf es nicht, weil es nicht bedürftig ist. Nun hat das Wort „unvollendet“ niemals räumlichen Sinn, sondern bedeutet, daß ein Versprechen nicht erfüllt, eine Arbeit nicht vollbracht ist[86]. Es zielt also auf ein Werden. Auch der Gedanke, daß dem Seienden „nichts fehlt“, scheint nicht primär auf eine räumliche Begrenztheit zu zielen, sondern auf die Vollendung. Denn nicht daß einem *Unbegrenzten*, wohl aber daß dem *Werdenden* etwas fehlt, leuchtet unmittelbar ein. Danach ist vorläufig zu sagen, daß die Grenze, die dem Seienden gezogen ist, das verhindert, was Thema dieses ganzen Abschnittes war, die Veränderung. – Andrerseits wird der Begriff der Grenze nach wenigen Versen wieder aufgegriffen, um daraus die vollendete Gestalt der Kugel abzuleiten; wovon sogleich.

8, 34–41 Denn dazwischen schiebt sich ein Abschnitt, der zu den schwierigsten und meistumstrittenen des Gedichts gehört, und keine Interpretation kann den Anspruch machen, sprachlich die einzig mögliche zu sein; jede kann sich nur durch die Evidenz des Gedankens empfehlen. Parmenides redet darin vom Denken, oder Erkennen, und von seiner Beziehung zum Seienden; und scheint daran ein totales Verdikt über die Unwahrheit aller sinnlichen Phänomene anzuschließen. Der Gedankenfortschritt nach der vorhergehenden Deduktion des Seienden scheint unklar, der Zusammenhang unterbrochen, zumal da Parmenides hinterher mit der Beschreibung des Seienden fortfährt (8.42). Versuche sind gemacht worden, die Verse an eine andre Stelle zu

[86] Homer Ilias 1.527, 4.175. Vgl. Fränkel (1)[2] 196.

rücken.[87] Die Aussage des ersten Satzes (8.34) wird mit der des Fragments 3 verglichen und – wie auch immer dies verstanden wird – für eine Wiederholung desselben Gedankens gehalten. Als Rekapitulation der Hauptergebnisse schien der Passus noch am ehesten verständlich.[88]

Den Gedanken des Fragments 3 sucht man gewöhnlich in der Subjekt-Objekt-Relation. Nun hat es sich schon gezeigt, daß die dort gemeinte Beziehung von Denken und Sein nicht in einer Gleichung zu suchen ist. Das Wort aber, das, am Anfang des fraglichen Abschnittes stehend, eine Gleichung auszusagen *scheint*, ist das Schlüsselwort, das am Ende der Deduktion des Seienden, entschieden hervorgehoben, sich ergab: „das Selbe", und welches die Identität des Seienden mit sich selbst bezeichnete. Es ist unwahrscheinlich, daß Parmenides fünf Verse später, und wieder am Versanfang, dasselbe Wort in einem anderen, unprägnanten Sinn gebraucht.[89] Daraus ergibt sich die Interpretation:

Das Seiende, das sich als das Selbige gezeigt hat, ist, als ein immer Identisches, erkennbar – das Werdende, als unidentisch, ist unerkennbar. Die Selbigkeit des Seienden ist es, wodurch und weshalb[90] eine Erkenntnis wahr ist. Im Seienden besteht die Richtigkeit einer Aussage. Ohne das Seiende gibt es keine Erkenntnis. Denn außer dem Seienden besteht nichts wahrhaft.

Hierzu ist wieder an zweierlei zu erinnern: Erkennen ist nicht nur Apperzipieren, sondern verstehendes Denken; als Denken ist es nicht nur Vorstellen, sondern Denken des „Seienden". Zweitens: „Sein" ist in erster Linie weder „existieren" noch „ein Prädikat haben", sondern „seiend sein", das heißt: „Bestand haben, wahr sein". Man sagt: „er spricht das

87 Calogero (2), Annali d. Scuola N. Sup. di Pisa 1936, 177 A. 2.

88 Fränkel (1)² 195, Verdenius (1) 41, Kirk-Raven 277, Guthrie II 40, Mansfeld (1) 101.

89 Vgl. G. Picht, Beitr. z. Phil. u. Wiss., W. Szilasi z. 70. Geb., 214.

90 Siehe von Fritz (2) 237 f.

Seiende", das heißt: er redet die Wahrheit. Ein Logos „ist", heißt: die Rede ist „seiend", sie ist wahr. Daher kann Parmenides sagen: „ein Gedanke ist", das heißt: er ist ein „seiender Gedanke", er ist wahr. Und zwar besteht seine Wahrheit in dem Seienden, das er denkt. Desgleichen „ist" eine Aussage und hat Bestand nur im Seienden.

Die Beziehung, die hier zwischen dem Denken und dem Sein aufgewiesen wird, ist also in der Tat eine ähnliche wie in Fragment 3, jedoch mit umgekehrter Absicht. Dort ging es um den Nachweis, daß nur Seiendes ist; das Seiende wies sich als das einzig Denk-Mögliche aus vor der Instanz des Denkens. Jetzt dagegen ist das Seiende mit allen seinen Kennzeichen versehen und zeigt sich zuletzt als der Grund der Wahrheit dieses Denkens: das Denken empfängt seine Gültigkeit wiederum von der Instanz des Seienden. – Der Erkenntniskritiker wird auf den Zirkelschluß dieser Argumentation hinweisen und darauf bestehen, daß sie aus dem Kreis der Subjektivität nicht herausführe. Parmenides befindet sich in der extremen Gegenposition zur Erkenntniskritik: nicht das Sein ist im Denken verwurzelt, sondern das Denken im Sein.

So zeigt sich der Zusammenhang nach vorn und hinten klar: Die Identität des Seienden verbürgt die Wahrheit des Denkens; es ist schließlich das Seiende selber, das den *Gedanken* des Seienden und damit die ganze Lehre des Parmenides in ihrem einsamen Paradox garantiert.

Aber an dieser Stelle und spätestens hier mußte sich ihm um so aufdringlicher die Frage stellen: was ist dann die Welt? Die Antwort, die Parmenides hierauf fand, wird von den meisten als ein totales Verdikt der Wirklichkeit verstanden: sie ist Wahn und Irrtum. Und so liest man gewöhnlich den Vers, der die folgenden Prädikationen der Sinnlichkeit einleitet (38): „Darum ist alles bloßer Name, was die Menschen gesetzt haben ..." Von diesem „nichts als Name" führt keinerlei Weg zum Seienden des Parmenides; ja es bleibt unerklärlich, warum er an dieser Stelle überhaupt einen solchen Exkurs zur Scheinwelt macht – wenn er sie nämlich nicht *aus dem Seienden erklären wollte.* Das aber scheint gerade der Sinn dieser Verse zu sein: das Verhältnis zwischen Sein und Schein zu bestimmen. Es ist das Verhältnis einer „Benennung": wobei der griechische Ausdruck nicht nur nominale, sondern auch verbale Prädikationen zuläßt[91]: „werden" und „vergehen", „sein" und „nicht sein", „sich bewegen" und „sich verändern". Mit diesen Benennungen soll offenbar die Totalität möglicher phänomenaler Aussagen zusammengefaßt sein. Das Benannte aber ist das Seiende.[92] Das Seiende, das der Grund der Erkenntnis ist, ist auch die Grundlage, auf die sich das Meinen der Menschen bezieht.

Parmenides hat die Rede über das Seiende offenbar nicht 8, 42–49
mit diesem Übergang zum Schein schließen wollen; sondern anknüpfend an die letzte Prädikation des rings von einer Grenze umschlossenen Seienden entwirft er die Vision einer vollendeten Kugel, die völlig gleichgewichtig und gleichmäßig, ohne ein Mehr oder Weniger hier oder dort, unversehrt und in sich selber gleich, von der Mitte zum Umkreis sich erstreckt. Die gehäuften Prädikate nehmen die vorher einzeln deduzierten auf und vereinigen sie in einer geistigen Anschauung. Unverkennbar ist, daß der Begriff der Grenze, der vorher den Aspekt der Vollendung im Gegensatz zum Wechsel zeigte, jetzt einen räumlichen Charakter hat.[93] Daß für Parmenides beides darin begriffen wird, leuchtet ein vom ontologischen Begriff der Bewegung her, der gleichfalls den räumlichen, den qualitativen und den existentialen Aspekt vereinigt.

So ist die Anschauung der vollendeten und in ihren Grenzen ruhenden Kugel des Seienden von den vorher entwickel-

[91] Der Weg zu dieser Interpretation ist durch L. Woodbury und Mourelatos 180ff. eröffnet worden. [Doch siehe jetzt Nachwort III.]

[92] Mit demselben Ausdruck wird dasselbe Empedokles von den Elementen sagen (VS 31 Fr. 8.4): „Ihnen sprechen die Menschen das Werden zu".

[93] Siehe Calogero (1) 25.

ten Vorstellungen durchaus vorbereitet. Umstritten ist, wie weit die Anschauung vergleichsweise gemeint, ob das Bild der Kugel nur Bild ist.[94] Der Ausdruck: „gleich einer Kugel" würde das nahelegen. Indessen heißt „sphaira" an sich nicht die stereometrische Kugel, sondern der Spielball. Verglichen wird also nicht das Seiende mit einer Kugel, sondern seine Form mit einem Ball. Bei aller Entschiedenheit, mit der Parmenides das Seiende von der Sinnlichkeit trennt, deutet doch nichts darauf hin, daß er ihm das Prädikat der Ausdehnung – ebensowenig wie das der Dauer – absprechen wollte. Im Gegenteil: die vorher gewonnenen Prädikationen des Kontinuums haben einen Sinn nur in der Dimension des Raumes. So gibt es auch keinen Grund anzunehmen, daß Parmenides mit dem „Seienden" eigentlich ein Abstraktum, das „Sein" gemeint habe.[95]

Wenn also die Kugel hier nicht nur Gleichnis ist, hat der Begriff der Grenze für Parmenides neben der ontologischen zugleich auch räumliche Bedeutung. Solche Mehrdeutigkeit eines Begriffs ist keineswegs unwahrscheinlich. Man hat sich vor allem des „Unbegrenzten" des Anaximander zu erinnern, das an sich die räumliche Vorstellung eines unendlich tiefen und „allumgebenden" Wesens enthält, zugleich aber die der unbegrenzten Erzeugungskraft eines unerschöpflichen Vorrats, woraus auch die Prädikationen der unbegrenzten Dauer, der anfangs- und „alterslosen" „Ewigkeit", der „Unsterblichkeit" und Allmächtigkeit gewonnen werden. Bei Parmenides ist es aber umgekehrt: aus dem ontologischen Begriff der Vollendung wird der Begriff der Grenze gewonnen, die aus der Eigenkraft ihrer Begrifflichkeit zur Konzeption der vollkommenen Form führt.

Der Gegensatz zu dem Anaximandrischen Begriff des „Unbegrenzten" legt die Vermutung nahe, daß Parmeni-

[94] So Fränkel (1)² 195 f.

[95] Siehe Jaeger 124, gegen Fränkel.

des mit seiner Konzeption des Seienden diesem jonischen Weltbild vor allem widersprechen wollte.[96] Die Lehre Anaximanders ist ohne Zweifel zur Zeit des Parmenides weithin bekannt gewesen. Werden und Vergehen waren ihr zentrales Thema. Der Grund alles Werdens wurde in dem „Unbegrenzten" gefunden als dem „Ursprung" (arché). Dieser Ursprung war, dank seinem eigenen Begriff, selber dem Vergehen entzogen; nicht aber dem Werden: in zyklischen Zeitläuften „wurden" aus ihm Welten, die jeweils ihre periodische Zeit haben. Gerade dies unaufhörliche Werden war ein anaximandrisches Argument für die „Unbegrenztheit" des Ursprungs: „damit das Werden nicht aufhöre".[97] Das Werden der Welt erklärte Anaximander als Absonderung eines „Keimes", der wächst wie ein Baum. Wir stehen da offenbar noch einem naiven Begriff von Werden gegenüber. Weder über den Grund des Anfangs des Werdens gibt er sich Rechenschaft noch über die Möglichkeit des Wachsens, noch über die Erhaltung des Stoffes. Über zwei logischen Sätzen bricht dieses Weltbild zusammen: Aus Nichts wird nichts, und: Es ist oder es ist nicht.

Daß Parmenides Anaximander im Auge hatte, kann nicht strikt bewiesen werden. Aber seine eigene, im zweiten Teil folgende Kosmogonie beweist, daß er nicht nur in Hesiods, sondern auch in einer wissenschaftlichen Tradition steht, und dafür kommen nur die Milesier in Frage. Was er zunächst gegen das ewig Werdende setzt, ist das Seiende. Und die daraus abgeleitete „Grenze" scheint er ausdrücklich dem Terminus des „Unbegrenzten" entgegenzusetzen. Dieses selber tritt dabei in bezeichnender Umbenennung auf: als das „Unvollendete". Das von Anaximander mit allen Prädikaten der Göttlichkeit Versehene wird zu etwas, „dem es an allem fehlen würde" (8.33). Mit diesem polemischen Motiv bekäme

[96] Siehe Fränkel (1)² 191–4.

[97] Aristoteles Physik III 4, 203b 16 und 8, 208a 8 (VS 12 Test. 14 und 15).

die Schlußwendung der Deduktion des Seienden einen einleuchtenden Ton.[98]

8, 50–52 So weit die „Rede über die Wahrheit". Das trennende „Bis hierher – von hieran", mit dem Parmenides den zweiten Teil, die sogenannte Doxa, beginnt, ist als Form der ausdrücklichen Gliederung archaisch. Wie die Göttin hier der „verläßlichen Erörterung über das wahre Wesen" die „sterblichen Meinungen" entgegenstellt, entspricht das der Disposition am Anfang ihrer Rede. Wie dort verspricht sie auch hier nicht nur Mitteilung, sondern *Erklärung* des menschlichen Meinens: „lerne verstehen ...!"[99] Die „Doxa" ist also von dem „dritten Wege", auf dem die „Sterblichen umherwanken" (6.4 ff.), zu unterscheiden.[100] Sie hat mit ihm nur so viel zu tun, daß sie eben diese sinnliche Welt der irrenden Menschen in ihrem Wesen erklärt. Der Gültigkeit dieser Erklärung tut es keinen Eintrag, daß die Göttin ihre Rede „trügerisch" nennt: wie das Denken „seiend" ist, weil es Seiendes denkt, so teilt auch die Erkenntnis des Scheins dessen Halbwahrheit. Ähnlich wird Platon dem Seienden die denkende und beweisende Erkenntnis, dem Werdenden das unbewiesene Vermuten zuordnen.[101]

8, 53–59 Der menschliche Irrtum beruht nach Parmenides auf einer ursprünglichen „Benennung" oder Namengebung. Die Benennung erfolgte in unbestimmter Vergangenheit als eine gemeinsame Entscheidung und Stimmabgabe. Die Vergangenheit ist die Form, in der der Grund des Bestehenden ausgedrückt wird. Benannt wurden „zwei Gestalten" oder „Formen"; wobei „Form" noch nicht im aristotelischen Sinn als Wesen, sondern als sinnliche Erscheinung zu verstehen ist.

[98] Die Übersetzung „Dem Nichtseienden würde es an allem fehlen", Fränkel (1)^2 193, ergibt keinen befriedigenden Gedankenzusammenhang (s. Guthrie II 34 und 38, vgl. Tarán 115).

[99] Vgl. oben 67.

[100] Siehe Schwabl (2) 134, Fränkel (2) 170 f., gegen Reinhardt 69.

[101] Timaios 28 a. Vgl. Simplicius Physik 39 (VS 28 Test. 34).

Es sind im eigentlichen Sinn Erscheinungsformen. Sie heißen: Feuer und Nacht. Aus diesen zweien entwickelt Parmenides im folgenden eine umfassende Physik und Kosmogonie.

Zu den schwierigsten Fragen der Interpretation gehört aber die Bestimmung, die Parmenides hinzufügt: „zwei Gestalten, von denen eine nicht benannt werden kann (oder darf)". Will Parmenides sagen, daß das eine zu Recht, das andre zu Unrecht gesetzt worden ist? Daß also das Feuer, als Licht, das Seiende darstelle, die Nacht das Nichtseiende?[102] Die Zuordnung des Lichtes zur Wahrheit, im Proömium, schien dafür zu sprechen. Aber es verbietet der griechische Ausdruck, der nicht „die eine" (gegen „die andre"), sondern „eine einzige" bedeutet.[103] Oder meint Parmenides, rein formal, daß die Ansetzung überhaupt einer Zweiheit der Fehler war? Also „eines" zu viel?[104] Diese Auffassung wird der gleichgewichtigen Rolle von Licht und Nacht in der parmenideischen Physik gerecht. Aber man möchte erwarten, daß die Bestreitung der Zweiheit nicht durch die *Negierung* der „Eins" ausgedrückt würde.[105] Sollen wir also verstehen, daß der Fehler in einer Zweiheit liegt, die als Einheit und „Eines" nicht zu benennen ist?[106] Danach würde hinter dem ganzen zweiten Teil des Gedichts die Lehre des ersten stehn: daß das Seiende, welches die Menschen unter dem Prinzip der gegensätzlichen Zweiheit ansehen, in Wahrheit Eines ist. Erster und zweiter Teil, Sein und Schein würden zueinander in Beziehung treten. Daß Parmenides damit aus der schar-

102 So Zeller I[7] 701, Diels (1) 95, Kranz (1) 1165, Vlastos 74; s. dagegen Schwabl (1) 53.

103 Siehe Hölscher (1) 106.

104 So Fränkel (1)[2] 180, (3) 410, Verdenius (1) 63, Guthrie II 54.

105 Ausweg aus dieser Verlegenheit: der Relativsatz sei indirekte Rede „im Sinne der falschen Meinung", Diels (1) 93, Verdenius (1) 62.

106 So Schwabl (1) 52; seine Auffassung vom Verhältnis von Sein und Schein war in gewissem Sinn von Riezler vorbereitet.

fen Antithese zu Heraklit heraustreten und vielmehr in die Nähe seiner Coincidentia oppositorum rücken würde, wäre kein Einwand.[107]

Die hier vertretene Interpretation folgt im wesentlichen dieser, aber von manchen nicht geteilten Auffassung. Jedoch die oben gegebene Übersetzung des fraglichen Satzes gründet sich auf eine andere sprachliche Erklärung. Die beiden Gestalten Feuer und Nacht sind als Gegensätze komplementärer Art; demgemäß „ist es nicht möglich (oder erlaubt), nur eine einzige von ihnen zu benennen“[108]. Sie werden dadurch bestimmt, daß das Verhältnis der Identität, das Charakteristikum des Seienden, jedes „mit sich selber hat, mit dem anderen aber das der Nicht-Identität“ (8.57/8). Was Licht ist, ist „nicht Nacht“, und umgekehrt. Das heißt, die Gegensätze fordern einander.

An den besonderen Prädikationen der beiden Gegensätze fällt auf, daß die Nacht, entgegen alter mythischer Anschauung, die mit ihr das Luftige und Leere verbindet, als fest und schwer beschrieben wird; umgekehrt ist das „lichte, milde, äußerst dünne“ Feuer das, wodurch die Dinge sichtbar sind. Sichtbarkeit und Körperlichkeit, als die beiden Hauptkennzeichen der sinnlichen Welt, scheint Parmenides also sehr bedacht auf beide Gegensätze gleich verteilt zu haben. Die Nacht steht an Wirklichkeit hinter dem Licht nicht zurück.

Diese Bestimmungen der Gegensätze haben für Parmenides eine logische Bedeutung insofern, als ihre Identität und Nicht-Identität der letzte Grund für alles menschliche Sagen von „Sein“ und von „Nichtsein“ ist; denn im „Nennen“ des Lichts als „nicht Nacht“ – und umgekehrt – liegt

[107] Über die verschiedenen Interpretationen referiert Mansfeld (1) 123 ff. Seine eigene, die zum Schlüsselpunkt seiner Gesamtauffassung wird (s. Anm. z. Übers. S. 45), scheint mir sprachlich wie sachlich unannehmbar.

[108] Siehe Hölscher (1) 103–7.

die ursprüngliche Aussage des Nichtseins vor[109], die als der „zweite Weg“ am Anfang erschien und auf ihre Möglichkeit geprüft wurde. Sie haben aber auch einen ontologischen Sinn insofern, als ihre komplementäre positive Wirklichkeit ein „Nichtsein“ nicht zuläßt. Daß dies der Sinn der Konzeption der Gegensätze ist, wird aus Fragment 9 deutlich werden.

Doch an dieser Stelle wendet sich die Göttin noch einmal ausdrücklicher an ihren Adepten, um ihm zu erklären, 8, 60–61
worauf die Enthüllung der irrigen menschlichen Ursetzung der Gegensätze hinauswill: auf eine Kosmologie. Die von ihr darzulegende „Welteinrichtung“, der Diakosmos, erhält ein Beiwort, dessen Valeurs schwer zu bestimmen sind: schicklich, passend, einleuchtend, wahrscheinlich. Ausschließen darf man die Übersetzung „scheinbar“[110]: das Prädikat enthält, zumal mit der Bekräftigung „ganz und gar“, keine Minderung, sondern empfiehlt die Welterklärung der Göttin als eine, die in allem vollkommenen Beifall verdient. Auch von der Bedeutung „wahrscheinlich“ ist jeder hypothetische Sinn fernzuhalten: diese Welteinrichtung ist so richtig, als das Werdende und Vergehende, das nicht das Seiende und also die Wahrheit ist, nur sein kann. – Mit dem Schlußwort nimmt Parmenides offensichtlich die Konkurrenz mit älteren Kosmogonien auf.

Wir haben hieran die Fragmente 10 und 11 angeschlossen, Fr. 10 u. 11
die als ein zweites Proömium die Anrede an den Adepten fortsetzen – der „kurze Abstand“, in dem nach Simplicius das 9. auf das 8. Fragment folgte, schließt das nicht aus.[111]

[109] Siehe Calogero (1) 29f. Dieser Gedanke liegt noch Platons Auseinandersetzung mit dem parmenideischen Nichtsein zugrunde, Sophistes 257c d.

[110] Wilamowitz (1), Hermes 34, 204; s. Verdenius (1) 51.

[111] Auch das 12. Fragment soll „kurz“ auf das 8. gefolgt sein. Fragment 11 scheidet Deichgräber 692 A. 1 aus; Bicknell, Hermes 1968, 629, Fr. 10.

Die Ankündigung der Göttin gilt zunächst dem Kosmos im großen: Himmel, Gestirnen und Erde. Angekündigt wird jeweils ein Doppeltes: „Natur“ und „Wirksamkeit“.[112] Das letztere meint die Erklärung der Vorgänge. Aber „Natur“, „Physis“ – das Wort, das uns hier zum erstenmal im philosophischen Sinn begegnet –ist noch nicht ganz zum Begriff des „Wesens“ entwickelt, sondern behält noch die Bedeutung des Wachsens: es heißt „Wuchs“ und „Bildung“ – im zweifachen Sinn. Das Wesen einer Sache wird nach archaischer Weise verstanden, indem man ihren Ursprung versteht. So wird auch im ganzen die Kosmologie in der Form der Kosmogonie vorgetragen.[113]

Fr. 9 Die Kosmogonie setzt rückgreifend wieder ein bei der „Benennung mit Licht und Nacht“. Die Benennung gilt der Totalität der Dinge (9.1 „alle“). Aber der Vielheit der Dinge und der Vielfältigkeit ihrer Benennungen trägt Parmenides Rechnung, indem er sie alle den beiden Urgegensätzen als deren jeweilige Eigenschaften oder „Vermögen“ oder „Kräfte“ zuordnet; womit jene die Funktion von Prinzipien oder Elementen erhalten. Weil „alles“ (Plural) mit ihnen benannt ist, darum ist das „Ganze“ ein „Volles“ von Licht und Nacht. Ihre Gleichheit wird betont, sie ist wohl nicht nur von der Ausdehnung zu verstehen, sondern vor allem von ihrer Realität: „keines der beiden enthält ein Nichts“[114]. Damit ist ausgeschlossen, daß z. B. die Nacht das Nichtseiende ist. Man kann es zugleich verstehen als Ausschließung des Leeren, als die Begründung für die stoffliche Kontinuität des Alls; doch herrscht wiederum der logische Aspekt vor: es gibt kein Nichtsein.

Scholion Über die eigentliche Weltbildung bei Parmenides läßt sich keine ganz deutliche Vorstellung gewinnen. Das von

112 Siehe Heinimann 90f.

113 Vgl. Verdenius (1) 51.

114 Siehe Mourelatos 85f. Anders Fränkel (1)² 181, Kranz VS, Tarán 163, Mansfeld (1) 150ff.: „da nichts an keinem von beiden teilhat“.

Licht und Nacht angefüllte Volle gleicht der Vorstellung eines Chaos. Und wenn der Scholiast recht hat, so wäre dieses durch Scheidung der Gegensätze auseinandergetreten. Die geschiedenen finden sich jedenfalls dann angeordnet in der Form konzentrischer „Ringe", wie Parmenides sie nannte. Test. 37
Dieses System von Ringen ist in irgendeiner Weise auf die Form des Kosmos bezogen gewesen[115], das geht aus der Kapitelüberschrift „Von der Anordnung des Kosmos" hervor, unter der Aëtius, dem großen Doxographen und Aristotelesschüler Theophrast folgend, es bringt. Gewöhnlich werden daher die „Ringe" als Hohlschalen oder Sphären vorgestellt.[116] Andrerseits ist in dem Bericht die eigentliche Kosmogonie von der Beschreibung der Ringe unterschieden. Die Beschreibung selber ist vieldeutig; ich gehe auf die sehr verschiedenen Auslegungen nicht ein.[117] Sie wird noch fragwürdiger, wenn man sie neben die erhaltenen Verse des Fragments 12 stellt, aus denen wir ein so differenziertes System, wie es Theophrast zu beschreiben scheint, kaum entnehmen würden. Die Verse enthalten mit dem Sitz der Daimon offenbar den Schluß der Beschreibung; daß ihnen nichts Detailliertes im Sinne Theophrasts – kaum mehr als die Vorstellung der umeinander liegenden „Ringe" – vorausging, ist mir wegen des explikativen „Denn" am Anfang wahrscheinlich. Möglicherweise hat Parmenides nichts anderes gemeint als um eine Mitte sich schließende Feuerringe[118], die außen von nächtlichen Ringen umschlossen waren: ein vorkosmisches Schema, das den Übergang von der reinen Dualität der Gegensätze zur Kosmogonie erlaubte.[119] Über den Ort der

115 Vgl. Fränkel (1)² 183f. Dagegen Reinhardt 13.

116 Fränkel (1)² 183 A. 1.

117 Siehe Anm. zur Übers. 47f.

118 Die Mehrzahl ist kein entscheidender Einwand, sie bereitet die folgende Kosmogonie vor, in der sich die einzelnen Ringe losreißen und die verschiedenen Sphären bilden.

119 Siehe Reinhardt 13, der aber das Schema anders auffaßt.

Göttin war man schon im Altertum verschiedener Meinung – man hatte also auch nicht mehr als wir –: Simplicius suchte sie im Zentrum, während Theophrast sie dort placiert, wo Feuer und Nacht sich mischen.

Der Gedanke der Mischung beherrscht nun die ganze Kosmologie des Parmenides. Er begegnet als kosmologische Theorie hier zum erstenmal und hängt mit der Entdeckung der Gegensätze untrennbar zusammen. Tatsächlich gibt es eine Mischungslehre vor Parmenides sowenig wie eine Gegensatzlehre.[120] Sie folgt aber zwingend aus der Identitätslehre des Seienden und ihrer Anwendung auf die beiden kosmologischen Prinzipien. Denn während die Milesier noch mit einer unendlichen Wandlungsfähigkeit des Urstoffs rechnen mochten, können die Gegensätze, die einander ausschließen und nicht ineinander übergehen, die Phänomene der Vielheit und der Veränderung nur durch Mischung hervorbringen. Es zeigt sich, daß, was bei den Nachfolgern – Empedokles, Anaxagoras, den Atomisten – als physikalisches Prinzip allgemeine Geltung erlangte, in seinem Ursprung logischer Natur war.[121] Wenn es aber noch eines Beweises bedarf, daß die Kosmologie des Parmenides keine Darstellung menschlicher Meinungen, sondern vielmehr eine sie aufhebende Erklärung war, so ist es diese Lehre von der Mischung unveränderlicher Gegensätze, die allen menschlichen Vorstellungen von Werden und Vergehen gerade zuwiderläuft.

Mit der Mischung nahm die eigentliche Kosmogonie ihren Anfang, wie denn schon in der Schilderung des Ringsystems „ein Teil des Feuers in die Nacht einschießt" (12.2). Diese Bewegung des Feuers als ein Streben nach oben sich zu denken, liegt mindestens nahe. Es dürfte dieser Teil des Feuers sein, der „in der höchsten Höhe den im Kreise herumliegenden Äther" (Test. 37) gebildet hat – was überflüssig wäre, wenn das Feuer am Anfang ohnehin die Peripherie eingenommen

[120] Siehe Hölscher (1) 14–25. Anders die gewöhnliche Auffassung.

[121] Siehe Reinhardt 74ff.

hat. Eine „Aufdünstung des Feuers" ist auch die Milchstraße samt Sonne und Mond. So stellt sich die ganze Kosmogonie als ein Emporschießen des Feuers dar (darum galt es in der peripatetischen Interpretation als das wirkende Prinzip[122]): Bewegung also des Feuers von innen nach außen. Noch Empedokles wird beschreiben, wie „Luft und Feuer emporflogen und den Himmel bildeten, der in der äußersten Entfernung sich im Kreise dreht", wobei dasjenige Feuer, „das ein wenig unterhalb des Himmels geblieben war", sich zur Sonne versammelte. Umgekehrt läßt er die Erde „in der Mitte zusammenströmen", wo sie sich unter gewaltiger „Pressung" „gesetzt hat"[123]: auch dies nach Parmenides, bei dem die Erde erst „durch Herabströmen des Dichten" sich bildete (Test. 22) und durch ihre „gewaltsame Pressung" die Luft (die, wie die Erde, bei Parmenides eine Erscheinungsform der Nacht ist) „herausblies" (Test. 37); während mit „Wasserwurzeln" die Quellen noch jetzt in die Tiefe greifen.[124] Fr. 15a

Es muß gesagt werden, daß diese Erklärung, die davon ausgeht, daß die „engeren" Ringe des Fragments 12 wirklich die inneren sind, mit keiner der sonst versuchten Rekonstruktionen übereinstimmt. Aber ein ursprüngliches Feuer in der Mitte des Kosmos anzunehmen, ist für einen Eleaten nicht so absurd: dem die großen Vulkane als noch immer lebendige Zeugen des Inneren täglich vor den Augen standen. Ein Zentralfeuer – allerdings nicht im Erdinnern, sondern von Erde und „Gegenerde" umkreist – hat, drei Generationen nach Parmenides, Philolaos angenommen, den Aristoteles den „sogenannten Pythagoreern" zurechnet, dessen Kosmologie es aber auch sonst nicht an parmenideischen Zügen

122 VS 28 Test. 7, 23, 35.

123 VS 31 Test. 49.

124 So besser als „im Wasser wurzelnd" (VS): die schwimmende Erde des Thales paßt nicht ins Weltbild des Parmenides. Empedokles (VS 31) Fr. 54 läßt den Äther „mit langen Wurzeln in die Erde tauchen".

fehlt. Die Feuermitte nannte er „Herd des Alls“ und „Mutter der Götter“ – was die Daimon des Parmenides jedenfalls war. Ein zweites Feuer bildete die äußere Sphäre, deren obersten Kreis er, wie Parmenides, den „Olympos“ nannte.[125] Dieses äußere umgebende Feuer ist gegen das ursprüngliche im Zentrum ein abgeleitetes. Äußerster und innerster Feuerkreis entsprechen aber den beiden Feuerringen Theophrasts: dem an der Peripherie und dem um die Mitte. Denn mit dem „Festen“, das nach ihm die Peripherie und die Mitte darstellt, sind schwerlich Nachtsphären gemeint[126], sondern die festen Grenzen des Alls. Das spricht dafür, auch in diesem theophrastischen Ringsystem den äußeren Feuerring für sekundär zu halten. Die äußere Grenze, hart „wie eine Mauer“, scheint mir eine passende Metapher für die Grenze, in der „Ananke den Himmel gefesselt hat“ (Fr. 10.6). – Schließlich unterschied Philolaos eine niedrere Sphäre unterhalb des „Olympos“, in der sich die Planeten, Sonne und Mond bewegen, von der sublunaren, irdischen Region des Werdens: auch dies in Übereinstimmung mit Parmenides (Test. 37).

Fr. 14 Der Mond, der „nacht-lichte“, repräsentiert bereits, mit seinem geliehenen „fremden Licht“, die irdische Sphäre der Mischung und des ewigen Wechsels: „um die Erde irrend“ ist er ein Sinnbild für die „irrenden“ Sterblichen (Fr. 6.5).

Fr. 12, 3–6 Denn auf die sterbliche Menschenwelt zielt von vornherein der Gedanke der Mischung: die „Dämonin“, die inmitten von Feuer und Nacht „alles lenkt“, bringt Mann und Weib zusammen – „Mischung“ ist das griechische Wort für Paarung. Und ehe noch die Kosmogonie begann, scheint Parmenides eine Theogonie eigener Art entwickelt zu haben, in der die Deszendenz der Urgöttin dargestellt wurde. Nicht nur Eros, als der zweitälteste der Götter, verrichtet in der sterb-

125 VS 44 Test. 16. Den zweiten Teil des Berichts hält allerdings Burkert 227 für unecht.

126 Das scheint mir das Neutrum anzuzeigen.

lichen Welt das Werk der Mischung der Gegensätze; auch die übrigen „Monstren", die Cicero nennt (Test. 37): Krieg, Zwietracht, Begierde, sind Lebensmächte, und andere verbergen sich wahrscheinlich unter den weiteren Phänomenen, die er aufzählt: Krankheit, Schlaf, Vergessen und Alter.[127]

Indessen schloß diese Dämonologie eine physikalische Erklärung der Vorgänge nicht aus, beide sind vielmehr ein und dasselbe. Wenn Schlaf und Alter als ein Schwinden des Feuers, als Abkühlung verstanden werden, so sind die Test. 46a Mächte des Schlafs und des Alters nur Wirkungsformen der Test. 46b Nacht, als des einen der beiden kosmischen Urgegensätze.

Wir müssen die weitere Physiologie, die von der Entstehung der Lebewesen bis zur Organkunde reichte, übergehen, da nur vereinzelte Details daraus überliefert sind, so über die Geschlechtsbestimmung des Embryos. Wieder ist die Zuord- Fr. 17 nung der geschlechtlichen Polarität zu den kosmischen Ge- u. 18 gensätzen zu vermerken.

Den Abschluß der ganzen Physik dürfte die Wahrneh- Test. 46 mungslehre gebildet haben. Obschon gerade hier Theophrast eine genauere Theorie vermißt hat, und Parmenides sicher bei weitem nicht so ins Detail gegangen ist wie Empedokles, der auf ihm aufbaut, finden sich dessen Prinzipien schon bei ihm. Es ist vor allem das Prinzip der Mischung, und die Lehre, daß Gleiches von Gleichem wahrgenommen wird. Wie die ganze sinnliche Welt, so ist auch der Mensch aus Licht und Nacht gemischt. Das Lichte in uns nimmt das Helle, Warme, Dünne und Lichte außer uns wahr, das Nächtige in uns das Dunkle, Kalte, Feste und Schwere. Dabei werden Wahrnehmen, Erkennen, Vorstellen, Denken nicht unterschieden, sie sind Empfindung des Feuers und des Dunkels von seinesgleichen. Allerdings wird der Erkenntnis durch das Feuer der Vorrang gegeben. Warum dies geschieht, davon sogleich.

[127] Siehe Reinhardt 17.

Fr. 16 Die Wahrnehmung bestimmt sich nach der Mischung, nämlich nach dem überwiegenden Teil von Licht und Nacht: „das Überwiegende[128] *ist* die Wahrnehmung" (Fr. 16.4). Man scheint den Satz wörtlich nehmen zu müssen, da nach der Auffassung des Parmenides die Beschaffenheit des Körpers „ist, was sie denkt"[129]. Die Annahme, daß mit der Beschaffenheit das Mischungsverhältnis des ganzen Körpers gemeint sei, würde zu absurden Konsequenzen führen; Parmenides spricht von der Beschaffenheit und Mischung der „Glieder", das heißt offenbar, der einzelnen Organe.[130]

Wie sich Parmenides den Vorgang der Wahrnehmung dachte, wissen wir nicht; es ist unwahrscheinlich, daß er darüber eine Emanations- und Porentheorie entwickelt hat wie Empedokles.[131] Genug, daß nach ihm „jedes Ding eine Art von Erkenntnis hat"[132]. Aber nicht unmöglich ist, daß eine
Test. 48 Vorstellung vom Sehvorgang, die einem Hipparchos zugeschrieben wird, aber in Wahrheit wohl dem Hippasos gehört[133], auch bei Parmenides sich fand. Danach hatte er sich die Blicke als von den Augen ausgehende Lichtstrahlen gedacht, die wie Arme nach den Dingen greifen. „Greifer" wird noch Empedokles die Sinnesorgane insgesamt nennen.[134]

Test 46 Die bedeutendste Konsequenz der Wahrnehmungslehre ist, daß, so wie der Lebende Licht, Wärme und Klang wahrnimmt, auch der Tote Wahrnehmung hat, nämlich vom Kalten, vom Schweigen usw. Es bestätigt von einer anderen Seite, daß die Prädikationen der Nacht positiv gemeint sind und dieser eine gleichgewichtige Rolle neben dem Feuer ver-

128 Die Übersetzung „das Volle" wird von Bollack 69, Deichgräber 699, Mansfeld (1) 192 vorgezogen.

129 Vgl. Empedokles (VS 31) Fr. 110.5, Demokrit (VS 68) Fr. 9.

130 Anders von Fritz (2) Cl. Ph. 1945, 239.

131 Theophrast de sensu (VS 31 Test. 86)

132 Auch dies wie Empedokles (VS 31) Fr. 103.

133 Siehe Anm. zur Übers. S. 51.

134 VS 31 Fr. 2.1, 3.9.

leihen.[135] Es läßt weiter die Vermutung zu, daß der Tod selber nicht nur als Privation des Lebens verstanden wird, sondern in gewisser Weise gleichbedeutend neben das Leben als dessen komplementärer Gegensatz tritt. Das Nichtsein des Todes ist die existentielle Konsequenz des kosmologischen Satzes, daß weder bei Licht noch Nacht ein Nichts ist (Fr. 9.4). Tatsächlich wurden Leben und Tod von Parmenides nicht nur in der Wahrnehmungslehre bedacht, sie spielten auch in der Kosmologie eine wichtige Rolle, wenn uns auch, durch die Einseitigkeit der Überlieferung, davon nicht mehr Test. zu
bekannt ist als die Bemerkung des Simpicius: daß die Göt- Fr. 13
tin der Mischung, die der Ursprung der Götter sei, auch die Seelen bald aus der Sichtbarkeit ins Unsichtbare (das griechische Wort sagt soviel wie „Hades"), bald umgekehrt aus dem Dunkel ans Licht sende. Nicht umsonst hieß sie die „Herrin der Lose" (Test. 37).

Es ist bemerkenswert, daß Empedokles, der in der Physik so evident der Ontologie und der Mischungslehre des Parmenides folgt, in der Seelenlehre seines zweiten, mit der Physik schwer zu vereinbarenden Gedichts der „Katharmen" gleichfalls auf parmenideischen Spuren geht, wenn er den Eintritt ins Leben, Tod und Wiedergeburt der unsterblichen Seelen beschreibt.[136] Empedokleisch mutet der pessimistische Ton an, mit dem Parmenides von der „Dämonin" redet, die allenthalben „abscheuliche Geburt und Mischung" herbeiführt (Fr. 12). Es liegt nahe, wie bei Empedokles, so auch hier an die pythagoreischen Zusammenhänge zu denken, in denen Parmenides stand.[137] Auf eine eigentliche Seelenwanderungslehre des Parmenides zu schließen, geht sicher zu weit.

Mit der Wahrnehmungslehre und ihrer Formulierung in Fr. 16
Fragment 16: Wie die Mischung, so das Denken, folgt Par-

[135] Vgl. oben 96f.

[136] VS 31 Fr. 115–125.

[137] Siehe oben 55f.

menides einer aus älterer Dichtung bekannten Sentenz. Eine Odysseestelle, die schon Archilochos aufgegriffen hat, sagt, daß „die Denkweise der Erdenmenschen so ist wie der Tag, den Zeus heraufführt“[138]. Parmenides, der an die Stelle der äußeren Umstände die innere Beschaffenheit der Menschen setzt, behält doch den Tenor der alten Sentenz bei: das Bedingte und Wechselhafte menschlichen Denkens. Die Frage muß sich stellen, wie zu dieser allgemeinen menschlichen Kondition sich das Denken des Parmenides verhält, welches nicht mehr Licht und Dunkel, sondern das Seiende wahrnimmt. Daß dem Parmenides ein grundsätzlich anderes Vermögen zu Gebote stünde, dürften seine Worte ausschließen, mit denen er die Erkenntnisfähigkeit der Menschen „bei allen und jedem“ aus ihrer körperlichen Mischung erklärt. Auch wird das „Denken“ des Seienden und das sinnliche „Wahrnehmen“ mit demselben Wort bezeichnet. Andrerseits gibt die in Fragment 16 entwickelte Lehre nicht nur den Grund ab für die Wechselhaftigkeit menschlichen Denkens und Wahrnehmens, sondern wohl auch für die Verschiedenheit der Erkenntniskraft bei diesem und jenem.

Einen Hinweis kann Theophrasts Bemerkung geben: daß die Erkenntnis durch das Heiße die bessere und reinere sei (Test. 46). Der Erkenntnisvorrang des Feuers vor dem Dunkeln und Festen geht aus der Theorie des Sehens hervor, welches als ein in unermeßliche Fernen reichendes Augenlicht verstanden wurde[139], und demgegenüber die anderen Sinne auf viel kürzere Nähe oder unmittelbare Berührung angewiesen sind. Wenn das Sehen eine Funktion des Feuers ist, so gewiß noch mehr das Denken, das nach dem Bild des Proömiums „den wissenden Mann an alle Orte versetzt“. So dürfte auch die ganze Lichtsymbolik des Proömiums zu erklären sein: nicht aus der Identität des Lichtes mit dem Sei-

[138] Odyssee 18.136, Archilochos Fr. 68 (Diehl); vgl. Fränkel (1)² 174.

[139] Siehe oben 104.

enden[140], sondern aus seiner Fähigkeit, auch das fernste Seiende zu denken. Die Auszeichnung des Parmenides beruht also auf der besonderen Lichtnatur seiner Seele.

Hierher gehört schließlich das Fragment 4. Seine Plazierung im Gedicht ist umstritten.[141] Es bezeichnet als das Vermögen des Denkens eben dies: das Entfernte und Abwesende zu vergegenwärtigen. Die Verwandtschaft mit dem Sehvorgang wird ausgesprochen: Denken ist ein „Schauen". Vom entfernten „Seienden" wird im Plural gesprochen, es handelt sich also um die Welt der Vielheit[142], die das Denken als Einheit sieht. Statt der Trennung der Dinge erkennt es den „Zusammenhang des Seienden mit dem Seienden": der Ausdruck bezieht sich auf die Prädikation der Kontinuität im ersten Teil (8.25). Dies Seiende findet sich nach zwei Seiten spezifiziert, in Ausbreitung und Ballung. Schwerlich enthalten diese beiden Begriffe eine Polemik gegen Anaximenes und seine Verdichtungs- und Verdünnungslehre[143]; sie bezeichnen die polaren Formen, in denen sich die Dinge als getrennte den Sinnen darstellen. Die Negation („weder – noch") gilt nicht ihnen, sondern der Trennung des Seienden. Gleich, ob hier das Wort „Kosmos" den Ordnungszustand bedeutet oder, konkreter, die Welteinrichtung[144]: vom „überallhin" ausgebreiteten Seienden ist jedenfalls die Rede, und nur das Seiende in seiner kosmischen Verteilung stellt dem Denken die Aufgabe, das entfernte als gegenwärtiges zu Fr. 4

140 So Vlastos 73f., mit dessen Auffassung im übrigen die hier vertretene weitgehend übereinstimmt.

141 Verschiedene Versuche, es einzuordnen: Zeller I[7] 692 A. 2, Reinhardt 49f., Cornford (1) 41 A. 1, Kerschensteiner 121, Kirk-Raven 275.

142 So noch einmal in Fr. 19.1; s. Bollack 63, Kerschensteiner 121.

143 So Reinhardt 50. Dagegen Bollack 62 und Anm. 27.

144 Siehe Bollack 60f. Zur Problematik des Begriffes „Kosmos": s. Reinhardt 174, W. Kranz (2), Philologus 93 (1938) 430ff., Kerschensteiner „Kosmos", Diller in: Festschrift Snell 47ff.

sehen. Auch der griechische Doppelausdruck „überall und ganz“, an den Schluß des ersten Fragments erinnernd, bezeichnet dort wie in anderen vorsokratischen Texten[145] die Totalität eines kosmologischen Prinzips.

Es spricht also vieles dafür, daß diese Verse sich nicht nur auf die Ontologie des ersten Teils, sondern vor allem auch auf den zweiten Teil beziehen, in dem diese ganze kosmische Verteilung – Ballung und Zerstreuung – dargestellt war.[146]

Fr. 19 Den eigentlichen Abschluß dieser Darstellung bildete das Fragment 19. Nachdem die ganze Kosmologie und Anthropologie als objektiv und faktisch entwickelt wurde, wird hier daran erinnert, daß dies alles seinen Grund in dem „Dünken“ der Menschen hat. Dies Dünken und Dafürhalten äußerte sich von Anfang an als ein Namengeben. Stand am Anfang die Benennung von Licht und Nacht (Fr. 9), so jetzt am Ende die Benennung der einzelnen Dinge mit „bezeichnenden Namen“. Werden und Vergehen selber gehören mit zu den „Benennungen“ (Fr. 8.40). Sie stehen hier in einem dreiteiligen Ausdruck, der die archaische Formel für die Ewigkeit „es war, ist und wird sein“, für das Vergängliche abwandelt: „es wurde, und ist jetzt, und wird verenden“. In dem letzteren wird gewöhnlich ein Hinweis auf das Ende der Scheinwelt gesehen.[147] Aber das dürfte falsch sein. Das Vergehen vollzieht sich, zusammen mit dem Wachsen, „in Zukunft von jetzt an“, ist also ein beständiger Prozeß, dem die Einzeldinge unterworfen sind.[148] Ob Parmenides in diesen Prozeß, wie offenbar Anaximander, auch ein Vergehen und Wiederentstehen von Himmel und Erde einschloß, wissen wir nicht; aber auch ein solcher Untergang würde sich „nach der Meinung“ der Menschen, das heißt innerhalb der

145 Vgl. Anaximander (VS 12) Test. 15, Heraklit (VS 22) Fr. 41, Diogenes v. Ap. (VS 64) Fr. 5, Anaxagoras (VS 59) Fr. 12.

146 Vgl. Bollack 64.

147 Mansfeld (1) 213.

148 Siehe Hölscher (1) 111, vgl. Bollack 63.

Physik abspielen, nicht als metaphysisches Ereignis und als Ende des „Meinens". Der dreiteilige Ausdruck ist vielmehr die Formel für diese Welt des „Meinens".

Mit der Erklärung, daß die Benennung der Dinge Setzung „der Menschen" ist, kann die Rede der Göttin nicht geendet haben, sie fordert geradezu den ergänzenden Kontrast: „Du aber …". Als solcher bietet sich ohne Zwang das Fragment 4 Fr. 4
an, welches nach kurzem Übergang hat anschließen können: „(laß dich nicht beirren), sondern schau mit dem Geist …". Eine solche Schlußparänese an den Adepten hat es offenbar auch am Ende des Empedokleischen Gedichts gegeben.[149] Bei Parmenides brächte sie eine „Rückkehr zum Anfang", wie sie das Fragment 5 anzukündigen schien.

Es bleibt zum Schluß die Hauptfrage übrig, wie sich für Parmenides das Verhältnis seiner Kosmologie zur Seinslehre darstellte. Sie hat die Interpreten seit Aristoteles beschäftigt und bis heute keine einhellige Beantwortung gefunden. Das Problem ergibt sich aus der strikten Widerlegung des Werdens und der Vielheit, und andrerseits der dogmatischen Form der kosmologischen Lehre, die weit über eine Beschreibung menschlicher Wahnvorstellungen hinausgeht. Es enthält zugleich das weitere Problem – das aber vielleicht aus dem Bereich parmenideischen Denkens herausführt –: wie aus der irrtümlichen menschlichen Setzung eine objektive Physik und Kosmogonie werden kann, deren Produkt eben wiederum der setzende und irrende Mensch ist; und andrerseits, wie das die Gegensätze setzende menschliche Meinen im Seienden als dem allein Wirklichen begründet ist.

Eine Geschichte der Interpretationen hat hier keinen Platz. Sie läuft aber zuletzt auf die Frage hinaus, ob die Lehre des zweiten Teils in irgendeinem Sinne die Ansicht des Parmenides darstellt. Es liegt nahe, das zu verneinen; Parmenides kündigt sie an als die „Meinungen der Sterblichen" und hebt ihren trügerischen Charakter hervor. Aber

149 VS 31 Fr. 110.

für die allgemein herrschende Ansicht von der Welt kann, wenigstens irn einfachen Sinne, das hier Vorgetragene nicht gelten. Es müßte schon den landläufigen Irrtum aufs System gebracht darstellen, in einem Maße, wodurch es ganz zur eigenen Schöpfung des Parmenides wurde, und zu dem Zwecke geschaffen, in der philosophischen Diskussion um die Erklärung der Welt auf dem hypothetischen Standpunkt des Scheines die relativ beste Physik ins Feld zu führen.[150]

Noch entschiedener würde die Kosmologie von Parmenides abrücken, wenn man sie als Darstellung eines fremden Systems – pythagoreischen, heraklitischen, jonischen, oder eines karikierten Gemischs von allen – auffassen dürfte; auch sie geschaffen, um im Schulbetrieb, nun aber als Modell falscher Welterklärung, propädeutischen Zwecken zu dienen.[151]

Beide Auffassungen – Polemik oder Hypothese – lassen einen philosophischen Zusammenhang der beiden Teile nicht zu. Und doch ist der Zusammenhang gefordert durch die Worte der Ankündigung (1.32) „aber trotzdem sollst du auch das verstehen lernen, wie der Schein zu Ansehen kommen und alles ganz durchdringen mußte".

Während ein Teil der Interpreten es weiterhin für verlorene Mühe hält, die beiden Teile in eine sinnvolle Beziehung zu bringen[152], mehren sich seit fünfzig Jahren die Bemühungen, diese Beziehung zu verstehen.[153] Gemeinsam ist ihnen, daß der zweite Teil nicht nur als Darstellung, sondern als Begründung des Scheines erkannt wird. Daher die Form der Kosmogonie, die Zurückführung auf Prinzipien. Es ist kei-

150 So Zeller I[7] 701, Nietzsche, Phil. in trag. Zeit. Kap. 9, Wilamowitz (1) Hermes 34, 204f., Owen 89.

151 Diels (1) 63, Burnet 169ff.

152 Raven, Pyth. und El. 41, Fränkel (1)[2] 190, (3) 421; dagegen v. Fritz (2) 239.

153 Reinhardt 80, Riezler passim, Stenzel 54, Verdenius (1) 48ff., Schwabl (1) 65.

neswegs nötig, in dieser Kosmogonie und Welterklärung etwas zu suchen, das in irgendeiner Form vorhandenen Ansichten von der Welt, landläufigen oder philosophischen, entspräche. Sie erklärt vielmehr, wie es zu dem menschlichen Irrtum kommt. Das „Irren“ selber wird nicht im zweiten, sondern im ersten Teil beschrieben (6.4–9): es besteht in dem Glauben an Werden und Vergehen, Sein und Nichtsein, Kommen und Sichentfernen und jederlei Verwandlung (8.40); welches alles zuletzt auf die Aussage hinausläuft, daß etwas nicht ist. „Nichts ist nicht“ – kein zweiter Satz wird von der Göttin ihrem Adepten so eingeprägt wie dieser: „das, sag ich dir, sollst du beherzigen!“ (6.2). Der Nachweis der Unmöglichkeit des Nichtseins ist mehr als nur die ausschließende Vorbereitung auf das Seiende; es gilt, und zumal an dieser Stelle, vor allem dem menschlichen Wahn, welcher vom Denken und Sagen des Nichts voll ist (6.8).

Ursache des „Nicht“-sagens ist aber das „Benennen“ von Gegensätzen. Und zwar insofern, als alles „Nennen“ nun einen einzelnen der beiden Gegensätze „nennt“. „Nennen“ heißt in dieser Sprache nichts anderes als: eine Aussage machen. Nun „ist“ Tag, und „nicht“ Nacht (8.58). In dem Sagen eines Einzelnen, welches in der Setzung der Gegensätze seinen Grund hat, besteht das Irren der Menschen (8.54).

Es scheint aber Parmenides darauf anzukommen, zu zeigen, daß in dieser Trennung des Seienden in Gegensätze kein Raum für ein Nichts ist, daß vielmehr „von Licht und Nacht alles voll ist“ (9.3). Die Wiederkehr des Ausdrucks aus der Prädikation des Seienden: daß „alles voll ist von Seiendem“ (8.24), kann nicht zufällig sein.[154] Aus dem ersten Teil wirkt auch die folgende Begründung (9.4) herüber: denn woher nimmt Parmenides die Gewißheit, daß weder Tag noch Nacht ein Nichts enthält, wenn nicht aus dem Beweis gegen das Nichtseiende: „Nichts ist nicht“? Wiederkehrt auch die Kugelform des Seienden in der Himmelskugel, dazu die

[154] Siehe Schwabl (1) 64.

„Notwendigkeit", die sie in „Fesseln" hält und ihre „Grenze" bestimmt (10.6).[155] Das alles spricht dafür, daß die große Anschauung des Seienden, mit der der erste Teil endet, zuletzt doch auf die Welt zielt; daß das Seiende überhaupt eine Aussage über das Werdende bedeutet. Tatsächlich haben Aristoteles wie Theophrast die Aussage von der Ungewordenheit und Unvergänglichkeit des Seienden auf die Welt bezogen.[156] Ist diese Auffassung richtig, so handelt es sich bei der Entdeckung des Seins nicht um eine intelligible Substanz, sondern um die Wahrheit des Wirklichen. Nicht die Welt wird bestritten, sondern ihr Schein von Werden und Vergehen: Raum und Zeit werden nicht transzendiert, die Aussagen über Ewigkeit und Form des Seienden sind beim Wort zu nehmen. So hat Aristoteles recht und unrecht, wenn er sagt, man dürfe die eleatischen Thesen nicht im physischen Sinne verstehn, weil die Erkenntnis des Ungewordenen und Unveränderlichen nicht in die Physik, sondern in die Metaphysik gehöre: „jene Denker aber setzen voraus, daß es gar kein anderes als ein sinnliches Sein gebe, andrerseits haben sie zum erstenmal Substanzen solcher (metaphysischen) Art gedacht, wenn es überhaupt Erkenntnis und Denken geben soll, und so die von dorther entwickelten Argumente auf die Sinnendinge übertragen".[157]

Es hat immer befremdet, daß Parmenides diese Beziehung zwischen Sein und Schein nicht ausgesprochen hat. Er läßt die Scheinwelt aus einer willkürlichen Setzung der Menschen: der Nennung der Gegensätze, hervorgehen; aber dieses Nennen scheint im Leeren zu hängen, die Setzung ist wie eine Schöpfung aus dem Nichts, die beiden Teile des Systems stehen unverbunden nebeneinander, und der Punkt, wo eins ins andere eingreift, bleibt dunkel. Und doch müßte in Parmenides nicht der Urtrieb aller Philosophie am Werk sein:

155 Siehe Stenzel 54.

156 VS 28 Test. 25 und 36.

157 De caelo III 1, 298 b 17 (VS 28 Test. 25)

die Totalität in Einem System zu erfassen, wenn er nicht die Doxa in der Lehre vom Seienden verwurzelt hätte.

Es fehlt auch nicht ganz an ausdrücklichen Beziehungen. Was mit den Namen Licht und Nacht benannt wird, ist nicht nichts, sondern „alles" (Fr. 9.1). Und am Ende des Gedichts scheint die Vielheit des Geschiedenen in der Einheit des Seienden nachträglich aufgehoben zu werden (Fr. 4). Wenn aber die hier vertretene Übersetzung richtig ist, dann hat Parmenides auch im ersten Teil den Schein in ein systematisches Verhältnis zum Seienden gesetzt, an jener Stelle, wo er nach der Deduktion des Seienden auf die sinnlichen Prädikationen von Werden und Vergehen usw. zu sprechen kommt (8.38ff.). Denn sie sind *dem Seienden* zugesprochen. Alles menschliche Meinen ist irrige Rede vom Seienden[158], in die Irre gegangen seit der urzeitlichen Nennung der Gegensätze. Der vermißte Angelpunkt zwischen der Seinslehre und der Doxalehre dürfte in diesen Versen liegen.

Wie also schaut Parmenides auf die Welt? Als auf leeren Wahn? Die Welt ein Traum[159], das ganz und gar Nichtige? Nicht, wenn jener Satz vom Anfang weiter gilt: „Nichts *ist nicht*"[160] – er ist für den Sinn des Ganzen fast noch wichtiger, die beiden Teile übergreifender als der Gedanke des Seienden, der freilich erst seinen letzten Grund liefert. Denn mit diesem Satz wird die Unmöglichkeit des Nichtseins auch für die sinnliche Welt, in der die Gegensätze herrschen, nachgewiesen und die „Fülle" der Wirklichkeit begründet (9. 3–4). Diese Wirklichkeit ist keine Halluzination, geträumt von einem selber halluzinierten Subjekt[161]; sie ist das durch „sterbliches Dünken" „benannte" und in Gegensätze getrennte Seiende. Das „Benennen" ist keine freie Setzung einer Schein- und Traumwelt, sondern ein falsches Verste-

158 Siehe von Fritz (2) 239.

159 So Guthrie II 75. [Gut Plutarch gegen Kolotes, s.o., 26f. Anm.]

160 Siehe oben 111f.

161 Siehe Schwabl (1) 61.

hen der Wirklichkeit. Verstanden wird sie von Parmenides zunächst durch Reduktion auf die beiden Urgegensätze, die zusammen die Totalität der Welt ausmachen, aber zugleich durch ihre kontradiktorische Ausschließlichkeit den Wahn des Nicht-seins, das heißt: des Werdens und Vergehens, begründen: aus ihnen hat sich die Welt „gebildet", sie sind ihr „gewordenes Wesen", ihre „Physis" – denn das heißt das Wort in Fragment 10 und 16. Die Gegensätze wiederum werden verstanden durch Reduktion auf ein ursprüngliches und irrtümliches Benennen des Einen Seienden mit der Zweiheit des Scheins. So führt die Frage nach der Entstehung und dem wahren Wesen, kurz: nach der „Physis" der Dinge zuletzt auf die Lehre vom Seienden. In diesem Sinne möchte auch der überlieferte Titel der Schrift zu rechtfertigen sein. Denn so verstanden, gehören ihre beiden Teile zusammen: beiden – nicht nur der Wahrheit, auch der Erklärung des Scheins – steht gegenüber die Verfallenheit an den Schein: der „Glaube" („doxa") an das, was unter den Menschen „Nomos", das heißt „Brauch ist", an Sein und Nichtsein (6.8 νενόμισται). Der Ursprung der sophistischen Antithese von „Nomos" und „Physis" dürfte in der Tat bei Parmenides liegen.[162]

Die parmenideische Seinslehre wird, wenn wir sie als Aussage über die Wirklichkeit nehmen, nicht leichter, sie wird vielmehr erst zu dem Paradox, als welches sie im Altertum empfunden wurde.[163] Um sie zu begreifen, müßte man wissen, auf welche Frage sie die Antwort war. Dazu tut man gut, Parmenides nicht so ganz, wie es Aristoteles für nötig hielt, aus der Reihe der kosmologischen Denker herauszunehmen. Werden und Vergehen der Natur war das zentrale Problem Anaximanders, es blieb das für Heraklit wie für Empedo-

[162] Siehe Reinhardt 82ff. Anders Heinimann.

[163] Aristoteles de gen. et. corr. I 8, 325a 17 (VS 28 Test. 25): „Auf die Begriffe mag das zutreffen, aber von den wirklichen Dingen so zu denken, scheint dem Wahnsinn nahzukommen".

kles, der in dieser Hinsicht das parmenideische Motiv treuer bewahrt als die eleatische Schule. Dieses Motiv war kein primär logisches, sondern lag in der Erfahrung. Die griechische Reflexion der Frühzeit kreist beständig um die Phänomene des Wechsels und der Vergänglichkeit, die in diesen Jahrhunderten mit ungewöhnlicher Leidensfähigkeit erfahren wurden. Es zeichnet die philosophische Spekulation der Vorsokratiker aus, daß sie diese unmittelbare Erfahrung der Existenz nicht als menschliches, sondern als kosmologisches Problem bedacht hat. Aber auch bei Parmenides hat manches darauf hingedeutet, daß seine Kosmologie zuletzt auf Werden und Vergehen des Lebens abgesehen ist.[164]

Die Antwort, die er findet, ist radikaler als die der Jonier. Er fand sie in einer großen Anschauung des „Ganzen", worin kein Nichtsein Platz hat. Hierfür hat er die ganze Konsequenz des reinen Denkens aufgeboten, indem er von der ersten Gewißheit, mit der wir sagen „es ist", fortschreitet zu der letzten: des Seienden als des „ganz Unverletzlichen". Daß ihm auf diesem Wege nicht nur jedes „ist nicht", sondern auch jedes „ist", das die Menschen von den Dingen sagen, unmöglich wurde; ja daß die ganze Buntheit und Bewegtheit der Welt zum menschlichen Irrtum wurde, hat er in den Kauf genommen: um keinen geringeren Preis schien es ihm erlaubt, die Unverletzlichkeit des Seienden zu bewahren.

164 Siehe oben 104f. Vgl. Schwabl (1) 61.

NACHWORT 1986

von Uvo Hölscher †

I

[zu S. 73 f.:] Ich wünsche noch deutlicher zu sagen, daß die beiden Wege des Fragments 2 wirkliche Möglichkeiten des Denkens und der Aussage sind. Sie schließen – an dieser Stelle – einander nicht in dem Sinne aus, daß schon das Denken des einen den andren unmöglich machte. Denn unsre Aussagen bewegen sich bald auf dem einen, bald auf dem andern: „etwas ist" – „etwas ist nicht". Was sie ausschließen, ist eine dritte Möglichkeit: nur in diesem Sinne ist ihre kontradiktorische Scheidung eine Exklusiv-Disjunktion (S. 75). Das Dritte, Ausgeschlossene, ist: daß etwas bald ist, bald nicht ist; daß etwas, das nichts ist, auch wieder etwas ist. Dies ist der Sinn der jeweiligen Negationen in Vers 3 und 5: „was ist, kann nicht nicht sein" – „was nicht ist, kann nichts anderes als nicht-sein". Beide Sätze sind widerspruchslos, zu beiden steht Parmenides unbedingt. Erst danach wird der zweite Weg ausgeschlossen, und zwar nicht einfach mit dem Hinweis auf die alleinige Möglichkeit des ersten, sondern auf dem Umweg über Fragment 3: daß nur das Denkbare ist. Erst danach bleibt der erste Weg der „einzig noch übrige"; (selbst in 8.8 ist das „Unsagbare – Unerkennbare" nicht der ‚Weg', sondern das Nicht-seiende); und erst danach kann mit der kontradiktorischen Disjunktion als mit einer Alternative operiert werden (8.16).

Von dem ersten Wege allerdings versichert die Göttin sogleich, daß er „die Bahn der Überzeugung" ist, die „mit der Wahrheit geht". Wenn dieser Weg nicht der „einzig denkbare" ist, dann muß ‚Wahrheit' hier etwas andres bedeuten als nur das Gegenteil des Irrtums. Ich zögre heute nicht, dafür – im Sinn der griechischen Wortdeutung – den Begriff der

‚Unverborgenheit', der ‚Klarheit' (Heitsch: „Evidenz") einzusetzen. Denn wenn der zweite Weg, weil er ein Nicht-seiendes sagt, völlig „ohne Kunde" und Erfahrung bleibt, (2.7), ist der erste, indem er ein Seiendes sagt, ein aufschließender, er ist ‚Entschlossenheit', ‚Offenbarkeit', ‚Ent-deckung'. Verdeckt ist das Seiende durch die „Benennungen" der Dinge, die die Menschen für „wahr", d.h. erschließend halten (8.39). Durchaus ‚nichts erschließend' ist aber der zweite Weg, weil er „nichts erkennt, nichts benennt" (8.17).

Dieser Sinn von „Wahrheit" und „wahr" hält sich durch alle Stellen des parmenideischen Textes (außer den genannten: 1.29, 1.30, 2.4, 8.51). Es ist ein Begriff der Erkenntnis, nicht des Seins. Es wäre jedoch irreführend, festzustellen, daß darin zweierlei Bedeutung von ‚offenbar' (‚evident') zusammenkommen: die Evidenz von Sätzen und die von Gegenständen. Dies sei in einem zweiten Nachtrag erläutert.

II

[zu S. 70f.:] Die Einheit der Bedeutung von „Wahrheit" als ‚Unverborgenheit' beruht auf der Einheit der Bedeutung von ‚sein'. Denn diese hat in dem frühgriechischen Denken noch nicht die ‚kategoriale' Analyse erfahren, in der Aristoteles das ontologische „ist" als das Zusagen und Aussagen κατηγορεῖν eines τὶ κατά τινος („etwas von etwas") bestimmt. Das heißt, sie ist noch nicht in die Zwiefalt zwischen Subjekt und Prädikat geraten. Noch Aristoteles kann sich fragen, ob das „Seiende" in „ist" die „Substanz" oder ihre Bestimmung (das ‚Subjekt' oder das ‚Prädikat') ist: den Schritt zur ‚Kopula' hat auch er noch nicht getan. Vollends bei seinen Vorgängern (Platon, Protagoras) verbindet sich der Begriff des ‚Seienden' durchaus mit den ‚Wesenheiten' (εἴδη, χρήματα) und gilt, wie bei Aristoteles, vornehmlich – in unserer Sprache gesprochen – von den ‚Prädikaten'. Das heißt, zwischen Gegenständen und ‚Attributen' besteht kein Rangunterschied, sie sind gleichermaßen Substanzen. Darum ist das parmenideische „ist" kein prädizierendes, sondern ein *einfaches* ‚sein': das Sagen eines „Seienden". (Siehe Verf., Der Sinn von Sein ...)

Demnach kann es für Parmenides auch keinen Unterschied zwischen der „Wahrheit" von Sätzen und der Erschlossenheit des Seienden geben. Sätze sagen das Sein einer Sache – der Begriff der „Sachverhalte" ist durchaus festzuhalten.

III

[zu S. 91 und 111–113:] Daß es sich in Fragment 8.38 um die Benennung des Seienden mit dem „Namen" handelt, hängt an der hier (nach Woodbury S. 149) vertretenen Lesung ὀνόμασται. Sie wird entschieden nahegelegt durch Fr. 8.53 und 9.1. Die „Namen" allerdings wären, anders als dort, hier verbale Ausdrücke, nämlich „Werden und Vergehen, Sein und Nichtsein, den Ort wechseln und die Farbe verändern". Tatsächlich ist im Griechischen der Gebrauch von ὀνομάζειν („etwas benennen") mit dem Verbalinfinitiv möglich (Platon Theätet 160b8/9). Dennoch befremdet es, daß die „Benennungen" hier nicht die realen Formen und Substanzen – „Feuer" und „Nacht" (8.53f.) und die ihren „Kräften" je zugehörigen Bezeichnungen sämtlicher Dinge (9.2) – sein sollen, sondern Vorgänge. Dazu kommt, daß die Formulierung „alles das, was die Menschen gesetzt haben", an mehr denken läßt als die drei Begriffspaare „Werden und Vergehen" etc.: Es scheint vielmehr gleichfalls auf die Vielheit, ja Totalität der dinglichen Bezeichnungen zu zielen, die auch in Fr. 9.2 gemeint sind, die Namen „für dies und das".

Die Aussage des Fr. 8.38ff. läßt sich jedoch mit den beiden anderen Stellen in Kongruenz halten, wenn „alles, was" (ὅσσα) nicht als proleptisches Pronomen für die folgenden Infinitive genommen wird, sondern eben als die zahlreichen „Namen" der Dinge, die „die Sterblichen gesetzt haben, vertrauend, daß sie wahr seien". (So in der fast wörtlichen Wiederholung bei Melissos, Fr. 8.2!) Damit reihen sich, zwangloser als in den üblichen Übersetzungen, die Infinitive „und werden und vergehen" etc. als die Prädikationen jener Setzungen des menschlichen Meinens an. Als Prädikationen entsprechen sie völlig den Prädikaten des Seienden „ungeworden und unvergänglich" etc.

Das viermalige Insistieren auf dem Vorgang des „Benennens" – denn zu den drei Stellen kommt noch Fr. 19.3 hinzu –, zusammen mit dem Begriff der menschlichen „Setzungen", zeigt an, daß es sich für Parmenides um einen zentralen Gedanken handelt. Es ist ein weitaus grundlegenderer Gedanke als die spätere Reflexion über die „Richtigkeit der Wörter", wie sie im platonischen ‚Kratylos' sich spiegelt; es ist die Behauptung von der Konstituierung der Welt durch die Sprache. Denn es ist nicht ein Gegebenes, zu dem die „Namen" als angemessene oder unangemessene hinzutreten, die Dinge *sind* allererst und nur durch Benennung und als benannte. Diese Ursprungsperspektive auf das Sprachliche ist es, die in der so befremdlichen, gleichsam urzeitlichen Stimmabgabe und „Setzung" der Menschen, die einer Kosmogonie gleichkommt, ausgedrückt ist.

Dieser parmenideische Gedanke ist – trotz der immensen Wirkung der Seinslehre, über Platon, auf die abendländische Metaphysik – in der ganzen antiken Philosophie ohne Folge und Wirkung geblieben. Die Linie andrerseits, die von hier aus zu der heutigen transzendentalen analytischen Sprachphilosophie (ihr selber unbewußt) führt, ist offenbar.

Das heißt aber, daß hier, vor Platon, Platon ‚überholt' wurde. Denn Platons Fortschritt über Parmenides hinaus liegt nicht zuerst in der Wiedereinsetzung des Nicht-seienden in sein ontologisches Recht; er besteht vielmehr in der Zurücknahme des sprachlichen Charakters der Dinge und deren ontologischer Hypostasierung. Platons Metaphysik der Ideen gründet in allen wesentlichen Zügen in der parmenideischen ‚Doxa': in der Vielheit der ‚Formen', ihrer Selbstidentität und Differenz, im ‚Anders-sein' (8.58) und daraus folgend: der Notwendigkeit des Nicht-seins. Ja selbst die Aufhebung des Werdens wurzelt, mehr als in Parmenides' Seinslehre, in dessen Theorie des Werdenden (worin Parmenides das Werden durch die Mischung ersetzte, Platon durch die „Verknüpfung" der Ideen). Ausgenommen bleibt lediglich die Theorie der „Benennung", die ihren Prinzipiencharakter verliert und als geschichtliche „Konvention" wiederkehrt.

Daß das ‚sein' selber von Parmenides nicht – entsprechend seiner Theorie – als ein der Sprachlichkeit mitverfallenes reflektiert wird, ist ein anderer Punkt.

BIBLIOGRAPHIE

Die in den Fußnoten zu Text und Nachwort sowie in den Anmerkungen zur Übersetzung nicht ausgeschriebenen und in die Bibliographie bisheriger Ausgaben nicht aufgenommenen Titel werden durch vervollständigte bibliographischen Angaben leichter identifizierbar gemacht. In Einzelfällen wird auf Nachdrucke und Neuauflagen verwiesen.

Bernays, Jacob, Heraklitische Studien, Rheinisches Museum 7 (1850) 90–116, wiederabgedruckt und zitiert nach: ders., Gesammelte Abhandlungen, hrsg. von Hermann Usener, Bd. 1, Berlin 1885 (ND Hildesheim 1970) 37–73.

Bicknell, J. P., Parmenides, Fragment 10, Hermes 96 (1968) 629–631.

Bollack, Jean, Sur deux fragments des Parménide (4 et 16), Revue des études Grecques 70 (1957) 56–71.

Bormann, Karl, Parmenides. Untersuchungen zu den Fragmenten, Hamburg 1971.

Bowra, Cecil Maurice, The Prooem of Parmenides, Classical Philology 32 (1937) 97–112.

Burkert, Walter, Weisheit und Wissenschaft. Studien zu Pythagoras, Philolaos und Platon, Nürnberg 1962.

Burnet, John, Die Anfänge der griechischen Philosophie, aus dem Engl. übers. von Else Schenkel, Leipzig ²1913 (engl. Erstausgabe: Early Greek Philosophy, London 1892).

Calogero, Guido, (1), Studi sull'eleatismo, Rom 1932 (dt. Studien über den Eleatismus, Darmstadt 1970).

– (2), Parmenide e la genesi della logica classica, Annali della Scuola Normale Superiore di Pisa, Serie II: Classe di lettere e filosofia 5 (1936) 143–185.

Cornford, Francis M., (1), Plato and Parmenides. Parmenides' "Way of Truth" and Plato's "Parmenides" translated with an introduction and a running commentary, London ¹1939, ⁴1958.

– (2), Principium Sapientiae. The Origins of Greek Philosophical Thought, Cambridge 1952.

Coxon, Allan H., (1), The Philosophy of Parmenides, The Classical Quarterly 28 (1934) 134–144.

– (2), The Text of Parmenides, fr. 1.3, The Classical Quarterly, N. S. 18 (1968) 69.
Deichgräber, Karl, Parmenides' Auffahrt zur Göttin des Rechts. Untersuchungen zum Prooimion seines Lehrgedichts, Akademie der Wiss. u. d. Lit. in Mainz 1958, 633–724.
Denniston, John Dewar, Greek Particles, Oxford ²1954.
Diels, Hermann, (1), Parmenides, Lehrgedicht – griechisch und deutsch, Berlin 1897.
– (2), Doxographi Graeci, Berlin 1879.
– VS, Die Fragmente der Vorsokratiker, Band I–III, 5.–10. Aufl., hrsg. von Walther Kranz, Berlin 1934–1958.
Diller, Hans, Der vorphilosophische Gebrauch von κόσμος und κοσμεῖν, Festschrift Bruno Snell, München 1956, 47–60.
Fränkel, Hermann, (1)¹, Parmenidesstudien, Nachrichten Ges. Wiss. Göttingen, Phil.-hist. Kl. 1930, 153–192.
– (1)², Parmenidesstudien, in: ders., Wege und Formen frühgriechischen Denkens. Literarische und philosophiegeschichtliche Studien, hrsg. von Franz Tietze, München 1955, ³1968, 157–197.
– (2), Rezension: Verdenius, Parmenides ..., Classical Philology 41 (1946) 168–171.
– (3), Dichtung und Philosophie des frühen Griechentums, 2. Aufl. München 1962, ³1976.
Fritz, Kurt von, (1), Rezension: Calogero, Studi sull'eleatismo, Gnomon 14 (1938) 91–109.
– (2), Νοῦς, Noein, and Their Derivatives in Pre-Socratic Philosophy, Part I: From the Beginnings to Parmenides, The Classical Quarterly 40 (1945) 223–242.
Gadamer, Hans-Georg, (1), Retraktationen zum Lehrgedicht des Parmenides, in: Varia Variorum, Festgabe für Karl Reinhardt, Münster/Köln 1952, 58–68.
– (2), Philosophisches Lesebuch, Frankfurt a. M. 1965.
Gigon, Olof, (1), Untersuchungen zu Heraklit, Leipzig 1935.
– (2), Der Ursprung der griechischen Philosophie. Von Hesiod bis Parmenides, Basel/Stuttgart ¹1945, ²1960.
Guthrie, William K. C., A History of Greek Philosophy, Bd. II: The Presocratic tradition from Parmenides to Democritus, Cambridge 1965, 1–80.
Hegel, Georg Wilhelm Friedrich, Sämtliche Werke, hrsg. von Hermann Glockner, Jubiläumsausgabe in 20 Bänden, Bd. 17: Vor-

lesungen über die Geschichte der Philosophie, Bd. 1, Stuttgart ³1959.
Heinimann, Felix, Nomos und Physis. Herkunft und Bedeutung einer Antithese im griechischen Denken des 5. Jahrhunderts, Basel 1945, ND Darmstadt 1965.
Heitsch, Ernst, Parmenides. Die Anfänge der Ontologie, Logik und Naturwissenschaft. Die Fragmente, hrsg., übers. u. erl., München 1974, ³1995.
Hölscher, Uvo, (1), Anfängliches Fragen. Studien zur frühen griechischen Philosophie, Göttingen 1968.
– (2), Der Sinn von ›sein‹ in der älteren griechischen Philosophie, Sitz.ber. Heidelb. Ak. d. Wiss., phil.-hist. Kl., Jg. 1976, Nr. 3, Heidelberg 1976, wieder abgedruckt in: Hölscher (1994) 198–231 [s. Bibl. zur Einl. S. XLIX].
Jaeger, Werner, Die Theologie der frühen griechischen Denker, Stuttgart 1953, ND Darmstadt 1964.
Kerschensteiner, Jula, Kosmos. Quellenkritische Untersuchungen zu den Vorsokratikern, Zetemata Bd. 30, München 1962.
Kirk Heraclitus = Kirk, Geoffrey S., Heraclitus, The Cosmic Fragments, ed. with an introduction and commentary, Cambridge 1954, Nachdr. 1962.
Kirk, Geoffrey S. and Raven, John E., The Presocratic Philosophers. A critical history with a selection of texts, Cambridge 1962.
Kirk, Geoffrey S. and Stokes, Michael C., Parmenides' Refutation of Motion, Phronesis 5 (1960) 1–4.
Kranz, Walther, (1), Über Aufbau und Bedeutung des Parmenideischen Gedichtes. Sitz.ber. Preuß. Ak. Wiss. 1916, 1158–1176, wieder abgedruckt in: ders., Studien zur antiken Literatur und ihrem Fortwirken. Kleine Schriften, hrsg. von Ernst Vogt, Heidelberg 1967, 128–143.
– (2), Kosmos als philosophischer Begriff frühgriechischer Zeit, Philologus 93 (1938) 430–448, wieder abgedruckt ebd. 197–209.
– Kranz VS = Diels, VS.
Kullmann, Wolfgang, Zenon und die Lehre des Parmenides, Hermes 86 (1958) 151–171.
Latacz, Joachim, Zum Wortfeld „Freude“ in der Sprache Homers, Heidelberg 1966.
Loenen, Johannes Hubertus M. M., Parmenides, Melissus, Gorgias. A Reinterpretation of Eleatic Philosophy, Assen 1959.

Long, Anthony, The Principles of Parmenides' Cosmogony, Phronesis 8 (1963) 90–107.

Mansfeld, Jaap, (1), Die Offenbarung des Parmenides und die menschliche Welt, Assen, 1964.

– (2), Die Vorsokratiker, griechisch-deutsch, Stuttgart 1983.

Mourelatos, Alexander P.D., The Route of Parmenides. A Study of Word, Image, and Argument in the Fragments, New Haven/London 1970 (Revised and Expanded Edition, Las Vegas 2008).

Müller, Carl Werner, Gleiches zu Gleichem: ein Prinzip frühgriechischen Denkens, Wiesbaden 1965.

Owen, Gwilyn E.L., Eleatic Questions, The Classical Quarterly N.S. 10 (1960) 84–102, wieder abgedruckt in: David Furley and Reginald E. Allen, eds., Studies in Presocratic Philosophy, Vol. II: The Eleatics and Pluralists, London 1975, 48–81.

Pasquinelli = I Presocratici. Frammenti e testimonianze. Introduzione, traduzione et note di Angelo Pasquinelli, Torino 1958 (ND 1976), ^{3}1983.

Patin, Alois, Parmenides im Kampfe gegen Heraklit, Leipzig 1899.

Picht, Georg, Die Epiphanie der ewigen Gegenwart, in: Beiträge zu Philosophie und Wissenschaft. Wilhelm Szilasi zum 70. Geburtstag, hrsg. von Helmut Höfling, München 1960, 201–244.

Raven, John E., Pythagoreans and Eleatics. An account of the interaction between the two opposed schools during the 5. and the early 4. centuries B.C., Cambridge 1948.

Reinhardt, Karl, Parmenides und die Geschichte der griechischen Philosophie, Bonn 1916, ^{3}1977, Frankfurt a.M.

Riezler, Kurt, Parmenides, Frankfurt a.M. 1934.

Schottländer, Rudolf, Drei vorsokratische Topoi, Hermes 62 (1927) 435–446.

Schwabl, Hans, (1), Sein und Doxa bei Parmenides, Wiener Studien 66 (1953) 50–75, wieder abgedruckt in: Hans-Georg Gadamer, hrsg., Um die Begriffswelt der Vorsokratiker. Wege der Forschung Bd. 9, Darmstadt 1968, 391–422.

– (2) Parmenides. Forschungsbericht 1939–1955, Anzeiger für die Altertumswissenschaft 9 (1956) 129–156.

Schwyzer, Eduard, Griechische Grammatik, Bd. 2, vervollständigt und hrsg. von Albert Debrunner, München 1959.

Snell, Bruno, παριστᾶται?, Glotta 37 (1958) 316, wieder abgedruckt in: ders., Gesammelte Schriften, Göttingen 1966, 157.

Snell Heraklit = Heraklit, Fragmente, griechisch und deutsch, hrsg. von Bruno Snell, München 1965.

Stenzel, Julius, Metaphysik des Altertums (Handbuch der Philosophie), München und Berlin 1931.

Tarán, Leonardo, Parmenides. A text with translation, commentary and critical essays, Princeton 1965.

Untersteiner, Mario, Parmenide – Testimonianze e frammenti (Introduzione, traduzione e commento), Bibl. di Studi Superiori, Florenz 1958, ND 1967.

Verdenius, Willem Jacob, (1), Parmenides. Some Comments on his Poem, Groningen 1942.

– (2), Notes on the Presocratics, Mnemosyne, Third Series, Vol. 13 (1947) 271–289.

Vlastos, Gregory, Parmenides' Theory of Knowledge, Transactions and Proceedings of the Amer. Phil. Ass. 77 (1946) 66–77, wieder abgedruckt in: ders., Studies in Greek Philosophy, Vol. I: The Presocratics, ed. by Daniel W. Graham, Princeton (N.J.) 1995, 153–163.

Wilamowitz-Moellendorf, Ulrich von, (1), Lesefrüchte, Hermes 34 (1899) 203–230.

– (2), Die griechische Literatur des Altertums, Berlin/Leipzig ^{3}1912 (ND Stuttgart/Leipzig 1995).

Woodbury, Leonard, Parmenides on Names, Harvard Studies in Class. Phil. 63 (1958) 145–160.

Zeller, Eduard, (1), Die Philosophie der Griechen in ihrer geschichtlichen Entwicklung, I. Teil, 1. Hälfte, siebente Auflage, hrsg. von Wilhelm Nestle, Leipzig 1923.

– (2), La Filosofia dei Greci nel suo sviluppo storico, trad. da Rudolfo Mondolfo, Vol. I 4, Mailand 1964.

Den Anfang denken

Die Philosophie der Antike in Texten und Darstellung

Den Anfang denken richtet sich an Leserinnen und Leser, die bei der Lektüre philosophischer Texte das Bauprinzip nachvollziehen möchten, nach dem die begrifflichen Bestimmungen argumentativ entwickelt und zum Ausdruck gebracht werden, die also wissen möchten, ob – und wenn ja, in welcher Weise – Philosophie die Frage nach dem Guten für das menschliche Leben mit der Frage nach dem Grund für den Zusammenhang der Natur verbindet.

Im ersten Band *Vom Mythos zur Rhetorik* geht es zunächst um die vorsokratische Frage nach der Einheit und dem Ursprung des Seienden und den Übergang zur Ausbildung der Rhetorik; sodann im zweiten *Sokrates, Platon und Aristoteles* um die klassische Gestalt der Philosophie, die nach einer Verbindung zwischen dem Denken des Anfangs der Dinge und der Begründung der Ethik suchte; und schließlich im dritten *Vom Hellenismus zum Christentum* um die Metamorphosen des metaphysischen Denkens in der Zeit vom Hellenismus bis zur Ausbildung der *theologia naturalis* im Zeichen des Christentums.

Um diese Selbstkonstitution eines genuin philosophischen Wirklichkeitsverständnisses nachvollziehbar zu machen, stützt sich Reckermann durchgängig auf die beigefügten Auszüge aus Originaltexten, die auch als Verstehenshilfe für eine strukturierte, umfassendere Lektüre dienen können. Die Auswahl der Auszüge erfolgte so, daß sich daraus das prinzipientheoretische Konzept des jeweiligen Autors in seinen Grundzügen und wichtigsten systematischen Konsequenzen erschließen läßt.

Den Anfang denken
Die Philosophie der Antike in Texten und Darstellung
Von Alfons Reckermann
PhB 625–627. 2011
3 Bände, zus. 1.080 Seiten
978-3-7873-2150-6. Gebunden
Auch einzeln sowie
als eBook erhältlich!

Meiner